U0032598

滿分狀元，
這樣K出來的

聯合報編輯部 企劃

前言

　　每年大學學測、指考，或者是國中基測「放榜日」，總是幾家歡樂幾家愁。即使從大學到高中入學方式一再更迭，考試永遠是令人焦躁不安，尤其是父母對於如何才能夠有好成績，更是十分關心，到底這些成績優異的學生他們是怎麼做到的，令人好奇。

　　本報記者一一走訪國中基測、大學學測、指考，以及四技二專統測等考試中的佼佼者，請教他們的讀書「撇步」，請他們提供學習的秘方，並深入這些學生的家裡，訪問孩子的父母，問問他們的教養方法、對子女學習的啟發、如何引導兒女在自己喜歡的領域裡發揮長才，或者要用何種方式才能為孩子創造出良好的學習環境，進而有優秀的表現。

　　由採訪的過程中，我們看到每一位滿分「狀元」的生活點點滴滴，他們不見得是最聰明的孩子，也不見得是全才的滿分學生，但共通點是對學習的熱情與認真，不逃避要面臨的考試壓力，按部就班地學習，即使有的學生談到起步較晚，但一定花更多的心力，一步一腳印地把科目內容融會貫通、內化為自

己的知識，從而外顯在考試成績上。

　　在父母的教養態度上，我們也看到家長對孩子的全心付出，有家長為了鼓勵子女讀書，全程陪讀，或者全家都不看電視，同時都不是用「高壓」手段，而是循循善誘地引導子女尋找出自己的興趣，為自己想要的目標去打拚更好的成績。

　　家長對子女的用心，更沒有職業與貧富的差距，他們的共同點就是都尊重子女的意見，但前提是提供一個完整、良好的讀書機會，不是要豪華的書房、精緻的精裝套書，只要溫馨的桌子，它可以是書桌、飯桌，甚至只是家中一隅的小茶几、學校的圖書館，都可以讓懂得去讀書的孩子找到用功尋求解答的地方。

　　「滿分狀元」的例子，讓我們學習到的不只是這些學生的讀書方法，更是他們的學習態度。同樣的，父母的態度與心情，更深深影響著子女的發展，藉著這本書，希望提供給莘莘學子與辛苦的父母更多的方向。

　　　　　　　　　　　　　　　　　　　聯合報編輯部

目次

第二部 如何拚進大學

第一部
如何跨進高中

許婷
養成閱讀習慣，
重視運動健身

張錦弘／採訪　陳再興、陳易辰／攝影

2008年兩次國中基測，全國只有21人考滿分，
台北市大同高中國中部畢業生許婷，就是其中之一，
她已進入北一女就讀。滿分狀元，許婷是怎麼做到的？
聯合報記者帶你一窺她的讀書方法、
成長背景，以及父母、師長平時的教育方式。

【小檔案】

畢業學校	台北市立大同高中國中部
錄取學校	北一女
家庭背景	父母都是國小老師，有一個弟弟
興趣嗜好	閱讀、打籃球、下圍棋
得獎紀錄	JHMC數學競賽團體、個人一等獎

從小養成讀書習慣，自然會從書本中找到閱讀的樂趣。

清晨五點半，天剛亮，已錄取北一女的第一次基測「滿分狀元」許婷，一如往昔，還是起個大早，跟著爸爸、弟弟到附近的大同高中運動。

瓜子臉的許婷，看似瘦弱，體力卻是一級棒，這是她能撐到最後，基測考312分的秘密武器。暖身後，她一口氣跑了七圈操場，足足兩千八百公尺，之後再和弟弟打籃球，玩到七點多才回家。

許婷剛從台北市立大同高中國中部畢業，讀的不是所謂的「明星國中」，以往較少出狀元，爸媽在長春國小當老師，家就在國小對面巷內市集的三十坪老公寓。

數理看百科　不會想到會

走入許婷的臥室兼書房，三、四坪大的空間，牆邊擺著一架舊鋼琴，書桌前的書櫃，都擺滿了書，包括新購的林懷民的「蟬」、白先勇「寂寞的十七歲」、王文興「家變」等北一女給新生的暑假作業，以及「人體使用手冊」等初級醫學書，她將來想當中醫師。

基測狀元，不是一天養成的。她的讀書方法是：愛看課外書，加上充足的體力，許婷大方分享她考滿分的秘訣：數理科從小看百科全書，遇到不會的問題，一定想到會；國文、英文別無他法，要多讀、多聽、多寫；參考書只做不會的習題，不盲目重複練習；考前應專攻最弱的科目。

勤看課外書　救回爛作文

「我從小只要有字的，什麼都看。」許婷回憶，她最喜歡到圖書館借通俗演義及話本小說，三國演義、七俠五義、封神榜、白蛇傳、水滸傳、西遊記等，她還看過少年版資治通鑑及孫子兵法。

書架上擺滿了課外書，許婷認為，從小大量讀課外書，對她幫助最大，尤其書讀多了，寫起作文觸類旁通，比較有感覺，「我作文本來也很爛，都拜讀課外書所賜才變好。」

許媽媽表示，「女兒年紀比較小的時候，我也會放西遊記、三國演義的有聲書給許婷聽，在意猶未盡時，告訴孩子，書裡面的故事，比錄音帶還精彩，誘導孩子看書，這招還滿有用的。」

許媽媽提供自家的教育經驗，等許婷識字後，除了每天看國語日報，她也買了世界偉人傳記、少年百科等套書給許婷看，有次全家到德國自助旅行二十幾天，行李箱塞了二十多本世界名著，讓許婷在途中搭火車時看。

英文讀到透　文法自然通

許婷的英語也下過苦功，國中三年她每天起床後，邊吃早餐，邊看半小時的電視空中英語教室，「我國中段考的聽力測驗，從沒錯過半題。」教科書的課文及補習班教的各類文章，她也讀得滾瓜爛熟，「文章看多了，文法自然就通了。」

許婷說，不同科目有不同讀法，例如她不喜歡死背，對

許媽媽為了訓練許婷，讓她從小玩積木與邏輯訓練遊戲。（陳再興／攝）

社會科較頭痛，課文讀很熟，通常讀第一遍，會先用紅筆畫重點，第二遍專挑重點念。她平時不寫筆記本，老師補充的東西都寫在課本，發的講義、測驗卷也全夾在課本內，以便複習。

複習搶時間　只挑不會的

國中三年，她國、英、數三科沒買過參考書，自然科只買過一冊，通常只買社會參考書，但習題不會從頭做到尾，只挑不會的。她建議國三學生，基測考前一兩個月，應該針對弱科目加強複習，像她大多時間都在讀社會科。

數學、自然科是她較拿手的科目，上課很注意聽，要訣是

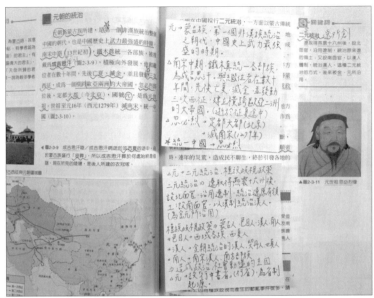

許婷的課本寫滿密密麻麻的筆記。（陳易辰／攝）

「遇到不會的題目，想到會為止，真的想不出來，才問爸媽或老師」；考試若遇到要想比較久的題目，她也會特別做記號，考後務求徹底理解。

樂當小老師　趁機多練習

她也樂當班上的小老師，幫助她解題更高竿。許多資優生為了和別人競爭，喜歡「藏私」，不願教同學，許婷則很樂意當小老師，因為可以練習更多題目，尤其高手來討教，更讓她能自我挑戰。

她是這樣長大的

牆上貼滿字卡
常講故事給媽聽

　　「我女兒從小的玩具就是書。」許婷的媽媽說，從小培養閱讀習慣，配合早睡早起、均衡運動，是教育成功的不二法門。

　　走進許家，右邊是一個高兩公尺的大書櫃，裡面擺滿了少年百科、國外得獎少年小說、漫畫名人傳記等各類套書，書櫃上有個地球儀，那是許媽媽的教具，她從小就讓女兒認地圖，玩國名接龍，應付地理考試更得心應手。

　　許媽媽回憶，當年生下老大許婷時，夫妻倆薪水加起來不到五萬元，付完房租、保母費，每月只剩一萬多元，仍盡量縮衣節食，買童書給許婷看，直到現在，她家還是能省則省，連阻隔客廳與電腦的屏風，都是到特力屋買木心板，再自己ＤＩＹ貼壁紙完成的。

　　「我女兒不是天才，不像奧林匹亞金牌選手從小沒補習，但我很用心教導。」許媽媽謙稱，許婷和一般學生沒什麼差別，但為了教好女兒，她看過各式談幼兒教養的書，在女兒身上「實驗」，有的效果很不錯。

　　許婷六個月大時，許媽媽就讓她看圖畫書，看到汽車的圖片，就指著說「汽車」；看到媽媽的圖片，就指著說「媽媽」；許婷兩三歲時，許媽媽就買字卡，牆上舉目所及之處，

都貼了「爸爸」、「媽媽」、「蚊子」等單字,讓孩子認字形,有助於學國字,但幼兒肌肉還沒發展好,不能揠苗助長,許婷到國小才學寫字。

許家早期住八里,每天開車上學途中,媽媽就播《說給兒童的中國故事》等有聲書讓孩子耳濡目染;許媽媽也常講故事給孩子聽,有時她煮菜沒空,孩子纏著要她講故事,她就反過頭來,要孩子講故事給媽媽聽,以訓練孩子的組織與表達能力。「從小到大,我不知道講了多少遍故事給媽媽聽。」許婷笑著說。

「從小訓練孩子用心聽、用眼看,是幼兒教育很重要的一環。」許媽媽提醒新手父母。此外,許媽媽也教許婷下象棋、圍棋,除了訓練邏輯推理能力,也可訓練凡事預想下一步的規畫、謀略能力。

何時才讓孩子學注音符號?許媽媽說,注音是較複雜的符號;小一只學十週,要回家反覆練習,半年多才能熟練拼讀,所以她提前讓女兒在幼稚園大班時,到國小旁聽注音課,跟著考試,起初都只考二、三十分,等讀了小一,早已熟悉注音,為各科學習打下基礎。

運動強身
不迷電視電腦

　　基測狀元許婷，拒當日夜顛倒的「宅女」，每天早睡早起，到考前依然晚上十點就入睡，少看電視、少上網，熱愛運動，良好生活習慣，加上家裡區隔讀書與遊戲間的空間規畫，讓她專心讀書考滿分。

　　許婷家原本只有三房一廳，她和弟弟分睡在小房間，為了讓姊弟倆能在房內專心讀書，爸媽利用書櫃當牆壁，在客廳角落隔出一間小小的遊戲間。許媽媽說，書房一定要和遊戲間分開，遊戲的時候遊戲，讀書時就專心讀書，若身邊能摸得到玩具，容易分心。

　　很多國中生沉迷電視或網路，許家沒這個問題。許爸爸說，他家的電視及電腦都放在客廳，許婷很少看電視，頂多考前看電視新聞注意時事，報紙的文教及科學新聞，倒是經常讀；她除了學校作業必須用電腦，幾乎不上網，課後時間大多運動、讀課外書。

　　「運動強身很重要。」許媽媽說，許婷讀幼稚園時曾有氣喘，但經常運動之後，至今未再發病。在幼兒階段，她常帶許婷到公園傳接皮球，後來許婷愛上籃球，暑假期間每天跟著體育研究所畢業的爸爸到學校跑步、打籃球，從不間斷。

媽媽訓練許婷從小講故事給她聽，母女情深，互動良好。

「養成早睡早起的習慣，讀書更有效率。」許媽媽說，許婷讀國小時，晚上九點就上床，即使到了國三考基測前夕，也都十點就入睡，不到六點起床，連基測放榜後，很多考生每天忙著睡懶覺之際，許婷照樣五點半起床運動，保持規律生活。

許婷國小也學過鋼琴、直笛，但純為興趣。許媽媽說，她的原則是，只要孩子極力抗拒的事，絕不勉強。許婷國小還曾到棋院學圍棋，她玩得很快樂，因為認識很多朋友、和高手過招，訓練腦力，她國小棋藝已到了一級，要升段時就沒再學，專心讀國中。

媽媽的話

挑選補習班
親子一起試聽

要不要補習？幾乎是每個家長和學生的困擾。基測狀元許婷國中小都曾補習，她和媽媽並不排斥，但建議補習前要先試聽，尤其補英語，應選系統教學、強調廣泛閱讀的補習班，不能光只玩遊戲或死背文法；最重要的是，國三應減少補習，才有時間複習。

在台灣，特別是都會區，補習已成為學生日常生活一環，從小到大沒補習的，畢竟是少數，如何慎選補習班，是家長不能不知的教養知識。

很多家長從小送孩子去讀補習班開的全美語或雙語幼稚園，每月起碼收費兩萬元，許媽媽認為沒必要，因為孩子個別差異大，外籍師資更是良莠不齊，常白學一場，「學前階段應該讓孩子盡情玩，以培養良好生活習慣、禮儀為重。」

許婷小一曾跟著外籍老師學英語，但當時年紀小，不是很認真，等小三學校正式教英語，之前學的已忘了差不多。直到小四，她才又上美語補習班，但不是那種只會和外籍老師玩遊戲的連鎖美語班，而是有系統教學、會講解簡單文法的補習班，學習成效比較好。

許媽媽提醒家長，幫孩子選補習班，應多方打聽，親子一起試聽，將心比心，若老師講太快、聽不懂，或太無聊、聽了就想睡覺，應該換別家；像凶神惡煞、常亂發脾氣的補習班老師也不好，嚴厲、言之有物的老師，則可以考慮。

許媽媽說，是孩子補習，不是爸媽補習，一定要問孩子的看法，若他們興趣缺缺，完全沒動力，只會徒勞無功。

許婷剛升國中時沒補英文，直到國二下學期，媽媽帶她試聽各大補習班，最後選的是一家知名度不高、但口碑好的補習班，老師不要求死背單字、文法，而是引導學生廣泛閱讀各類文章，應付基測很有用。

直到基測放榜，已考上北一女，許婷仍繼續補英語，她翻開老師講義，從改編美國電影「穿著PRADA的惡魔」、「海底總動員」、「納尼亞傳奇」，到日本「死亡筆記本」、「七夜怪談」等，文章五花八門，涵蓋古今中外，她讀得興趣盎然，「我比看過電影的人，還更清楚情節。」

【 書房檔案 】

怎麼培養

生活作息	早睡早起，規律運動
休閒活動	少看電視，少上網，愛看課外讀物，學會下象棋圍棋，因興趣學琴不強迫
居家環境	電腦、電視放客廳，書房不要當遊戲間
讀書習慣	上課認真聽，有問題要搞懂，參考書只做不會的題目，講義夾在課本內以方便複習
學習策略	學前階段多讀有聲書，牆壁貼字卡，訓練聽力及認字，提前在幼稚園大班學注音，國小才學寫字、大量閱讀書報
人際關係	樂當同學小老師，自我挑戰解更多題目

讀書訣竅

國文	從小大量閱讀，每週寫一篇作文，日久自然開竅，下筆自然流暢通順
英文	多接觸不同類型文章，每天聽空中英語教室
數學	務求理解，不死背，不會也要想到會
自然	多看百科全書，多做實驗題，要讀通課本
社會	要多看地圖，熟讀課本，一步一腳印踏實地念

看什麼書

類別	書名	出版社
自然科學	兒童知識寶庫	華一
	少年百科全書	東方
	十萬個為什麼	幼福
	人體大奇航	國際學社
	世界動物圖鑑	光復
	漫畫科學小百科	東方
文學	紐伯瑞兒童成長文學精選	智茂
	世界彩繪金牌名作選	智茂
	小故事大啟示	幼福
傳記	世界偉人傳記叢書	東方
	漫畫名人傳記	世一
歷史	說給兒童的中國歷史	小魯
	說給兒童的世界歷史	小魯
地理	認識台灣	大地地理
邏輯推理	邏輯智力遊戲	九章

林澤宇

課前預習，
重視學習效果

邱瓊玉／採訪　林建榮／攝影

台北市仁愛國中2008年畢業生林澤宇，

國中基測拿到312分滿分，

他已進入建國中學就讀，未來目標是台大電機系。

他認為，釐清觀念很重要，

滿分的背後需要花更多的專注力。

［ 小檔案 ］

畢業學校	台北市仁愛國中
錄取學校	建國中學
家庭背景	父母從事美容美髮業，獨子
興趣嗜好	閱讀、打球、上網
得獎紀錄	通過珠心算九段檢定

林澤宇善用零碎時間，專心學習。

「後天的努力，永遠比資質更重要。」2008年從台北市仁愛國中畢業的林澤宇，國中基測拿下312分的滿分。他從不覺得自己的好成績是出自於天分，他說：「考試沒有失常，只有觀念沒被釐清。」滿分背後需要花的專注力超乎常人想像。

　　走進林澤宇的書房兼臥房，四坪大的房間，除了書桌和一張單人床外，其餘空間都用來放書，和天花板相同高度的書櫃，擺滿了百科全書、科普類書籍、歷史小說、名人傳記等各類套書。

● 無背座椅　專心靠它

　　令人訝異的是，林澤宇書桌前的椅子居然沒有椅背，「這樣坐，不會不舒服嗎？」林澤宇不好意思地說，這其實不是故意的，椅背壞了很多年，本來想換新的，但後來認為沒有椅背，更需要坐得正、坐得挺，反而可以訓練讀書的專注力，督促自己不准偷懶，後來也就一直這樣了。

● 整合時間　通勤背書

　　林澤宇家在台北縣板橋，父母親都從事美容理髮業，每天上學要花近一個小時的車程，他會趁這一小時，背英文單字，或是念唐詩、古文。他說：「如何善用零碎時間，也很重要。」林澤宇的父親林金樂解釋，當時覺得台北的競爭力比較夠，剛好在東區也有間房子，因此把戶籍遷過去，原本擔心孩子通勤會很累，沒想到他很會善用時間。

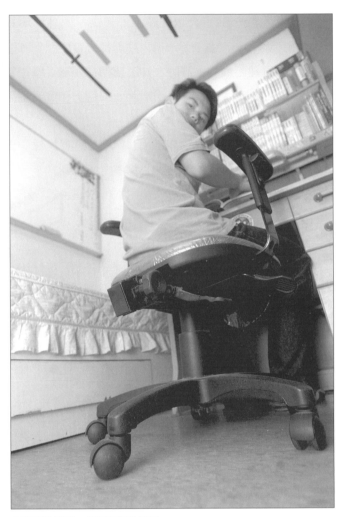

無靠背的椅子，林澤宇藉以提神。

至於滿分秘訣，除了大量閱讀課外讀物、熟悉文字的使用外，林澤宇表示，無論是哪一科，課前都一定要做到確實預習，先弄清楚哪裡不懂，聽課時才知道重點在哪裡，學習效果才能加倍。此外，念書是為了應用，因此學習應和實際生活體驗結合，印象才會深刻。

　　五歲就開始學珠心算的林澤宇，六歲那年就通過珠心算九段的檢定考試，他說，也許就是珠心算奠定了他對數字敏感度的基礎。光是明白觀念，不會算也沒用；但是只會算，不懂得公式也是枉然。

○ 課前充分預習　上課聽講才有意義

　　「課前充分預習，把數學課本當國文讀，務求每一字每一句都了解其意義，上課聽解，只是在印證自己觀念是否有錯誤。」林澤宇認為，若是課前完全沒碰過該單元，要求在上課時間四十五分鐘內，弄懂台上老師在說什麼、並完全吸收，有點強人所難。

　　唯一的辦法，就是先預習，先弄清楚該單元要傳達什麼，上課時聽講解，才有意義。

　　林澤宇表示，弄懂數學公式的原理後，再印證自己理解的正確性，此時就須做題目大量演算，最後則是把數學課本上的觀念應用到現實生活中。能把自己所學的應用到生活上，就會覺得數學非常有趣，也很有用。

自然理論　生活應用

　　至於自然科目，林澤宇則認為，先掌握基礎知識，再靠著課外補充，想像每一個理論在現實生活中會怎樣發生，念書時自然就有趣味性。他表示，遇到不會的題目，應先自己解題，或是找其他的書來交互查證，這樣的知識才會是自己的，真的想不出來，才去問老師。

　　靠著從小大量閱讀課外書，像是文白夾雜的西遊記、三國演義，又或是世界文學名著、散文集等等，讓林澤宇培養不錯的語感，他說小學課業壓力沒那麼大，一有時間就猛看書，任何有興趣的書都拿來看，養成了閱讀的習慣，對於書中人物的刻畫、情節描述和文字運用等，都烙印在他心中。

學好英文　要趁早扎根

　　至於英文科，林澤宇靠著小時候何嘉仁出版的一套英文字母的錄音帶，裡頭又說又唱的熱鬧情節，讓他對英文產生興趣，主動接觸英文、又如聽ICRT、上英文網站，讀外文小說等。林澤宇表示，學好英文沒有捷徑，最好要及早扎根。

　　林澤宇喜歡閱讀歷史小說、中國古典文學，他說，國中歷史課本都編得太簡單，「赤壁之戰」這樣有名的代表性戰役，課本卻往往幾句話就帶過，他覺得學歷史，就像是看故事，「以時代為經，事件為緯」學習。

林澤宇說，地理與公民的學習方法和歷史差不多，但地理要注意空間概念，建議可以買些圖表，對照課文來念，另外他還喜歡看旅遊生活頻道。

◯ 讀懂觀念　貪多難嚼

林澤宇說，社會科不是重點畫線，看過去就能念好，是要一個單元、一個時代複習。有些人讀書會訂時間，如一個科目念一個小時，林澤宇卻完全不管時間問題。

他說，把觀念弄懂比較重要，時間反而是其次，他主張「貪多嚼不爛」，一次先念好一科再說。

◯ 不補全科　留時間給自己

要不要補習，個人做法不同，林澤宇選擇相信學校、相信自己，國中三年只有在基測考前三個月，為了大量做題目，才報名數、理兩科的模考班。他認為，補習班頂多是把學校的內容再上一遍，或是超前進度，內容沒有太大的差異。

他覺得不補習可以有更多自己的時間看想看的書，再加上有很多同學的心態是「學校聽不懂沒關係，反正補習班還會再上一遍」因此上課不專心，但往往到了補習班，因為已經上了一整天的課，反而沒什麼精神繼續聽講，造成兩頭落空，浪費時間。像他選擇不補習，因此強調一定要預習，這樣上課時可以事半功倍。

爸媽怎麼教

「丟書給孩子」
培養自我學習

　　「教育，是我給孩子最好的財產。」林澤宇的父親林金樂說。林澤宇是家中獨子，父母覺得給孩子最好的禮物就是教育，讓林爸爸下決心要教好孩子。

　　僅高中畢業的林金樂為了教好孩子，參加過許多親職講座，看過許多本談孩子教育的書，靠著和其他父母交流，大膽在林澤宇身上實驗，成效相當不錯。

　　林澤宇還在襁褓時，林爸爸便經常推著嬰兒車帶他四處逛逛，也不管孩子聽不聽懂大人在說什麼，看到什麼就用簡單文句說給他聽；林澤宇兩三歲時，林爸爸則利用路上機車、汽車的車牌，教他認英文字母及阿拉伯數字，又或是透過馬路上的指標、門牌，教林澤宇認國字，靠著情境教學的方式，不僅讓父子倆的感情變得很親密，孩子的學習效果也不錯。

　　對於林澤宇優秀的表現，林爸爸也會不定時的施以一些小獎勵，林爸爸笑說，孩子其實都很好哄，有時偶爾帶去吃個牛排，孩子就開心得不得了，讀書更有動力。一旁的林澤宇則笑說，「我就是太好哄了，往往一頓牛排就可以讓我開心一整天」。

一踏進林澤宇的家，客廳一幅「事事洞明皆學問，人情練達即文章」毛筆字，是中研院史語所所長王汎森題的字，林金樂得意地表示，王汎森是相識多年的朋友，他經常耳聞王汎森父親是如何教導孩子，其中在王汎森國中時，王爸爸丟了一套史記給王汎森看，高中時則丟了一套漢書，還規定王汎森要背唐詩、宋詞等，奠下王汎森的史學和文學基礎，「丟書給孩子，讓他從中自我學習」的教養方式，讓林爸爸印象深刻，有樣學樣。

　　林爸爸說，書讀得不多，他不會念書給孩子聽，反過來要求孩子講給爸爸聽，除了訓練表達能力外，也可以確保孩子看書不是囫圇吞棗，確定吸收後，才有辦法講出來，林澤宇在旁笑說：「一人念書兩人補，爸爸算盤打得真精啊！」

　　外表粗獷的林爸爸，有著極柔軟的心，不僅為了幫孩子多買幾本書，戒了十多年的菸癮，還細心地幫孩子依照書籍內容難易分類，讓孩子念書循序漸進，林媽媽對於丈夫教導孩子的方法則是百分之百的支持。

　　信仰天主教的林爸爸，對孩子就像是朋友，用講道理的方式讓孩子信服，林爸爸說，這個家沒有誰是權威，孩子若是認為父母哪裡做不對，都可提出來，只要能說服家長，他樂意放手讓孩子自己去做。

林爸爸(左)說，窮人翻身最穩當的方式就是讀書，但他也告誡孩子讀書不代表最有「錢」途，孩子不感興趣的事，他也不會勉強孩子去做。

爸爸的話

鼓勵而不勉強
比賽當成挑戰

　　儘管正值暑假，林澤宇的作息卻從未改變，除了絕不熬夜外，每天六時準時起床，對於一整天想看什麼書，父母絕不過問，他可以自由閱讀任何自己有興趣的書，就這樣讀到晚間十時，才上床休息。

　　林澤宇說，讀書沒有僥倖，自己也不是天才，好成績除了掌握一些讀書的訣竅外，規律作息非常重要，書念累了，他會選擇上網，或是看電視輕鬆一下，一天一小時的電視時間，林澤宇可以選擇喜愛的節目。

　　「全世界最公平的事，就是每個人都只有二十四小時，所以要善加利用。」堅持林澤宇養成作息規律的林爸爸表示，窮人翻身最穩當的方式就是讀書，但他也告誡孩子讀書不代表最有「錢」途，孩子不感興趣的事，他也不會勉強孩子去做。

　　籃球與棒球是林澤宇最愛的體育活動，平常除了會和朋友一塊去打球外，在家看職籃、職棒轉播也是他最大的興趣之一，看著運動員在球場認真拚戰，永不放棄，最後來個逆轉勝，是最過癮的事，「不半途而廢，凡事盡力到底」也是他的座右銘之一。

　　除了打球外，林澤宇平常在家也會做一些重點訓練，像是啞鈴、伏地挺身、仰臥起坐等都是林澤宇常做的運動。

滿分狀元‧這樣K出來的
26

林澤宇不是只喜歡待在家裡的宅男，每到週日，林爸爸總會帶著全家到郊外走走，一方面是訓練體力，另一方面也是散心，林澤宇說：「讀書久了會膩啊，放鬆一下再繼續讀書，效果會更好。」

　　林爸爸也鼓勵孩子多去參加比賽，不一定要得名，但會是一項挑戰。比賽可以知道自己哪裡不足，了解自己的定位，即使失敗也可以從中培養正確心態，養成勝不驕、敗不餒的生活態度。

　　體育活動則是男孩子交心的一種方式，像林爸爸就常和林澤宇一塊打球，有時父子倆還會玩一場線上模擬高爾夫。

　　關於補習問題，林爸爸說，補習在升學主義至上的社會，的確有好處，尤其是補習班的資料收集完整，還會做很多小口訣讓孩子快速記憶，用補習班那套應付考試綽綽有餘，但孩子照單全收的後果，變成不會思考，考試一結束，就全都還給老師了，根本學不到什麼，因此他認為應該依孩子學習情況決定要不要補習。

　　林爸爸說，他絕不會告訴別人補習好不好，好的補習班會利用彙整後的資料，讓學生有系統地背誦，的確可以幫孩子在學習上省下很多時間，像林澤宇就利用暑期補數理，但他反對補全科，因為耗時間，不僅卡住了孩子所有的時間，也會磨掉學習的熱情。

　　林爸爸提醒家長在選擇補習班時，應陪著孩子多去試聽，多方比較，並詢問孩子對於上課老師的反應，不要迷信明星教師，用心找到一個適合孩子學習的老師，才不會白花錢。

【 書房檔案 】

讀書訣竅

國文	空閒時間大量閱讀，熟悉文字的運用， 下筆自然流暢通順
英文	聽ICRT、上英文網站，外文小說、英文雜誌
數學	課前充分預習，務求每一字每一句都了解其意義
自然	先把基礎知識掌握住，再靠著課外補充
社會	◆ 學歷史，其實就像看故事一樣，「以時代為經， 事件為緯」學習 ◆ 地理要注意空間概念，建議可以多買些圖表， 對照課文來念，事半功倍 ◆ 看旅遊生活頻道，把各地風土民情帶入學習單元中

怎樣培養

生活作息	絕不熬夜，規律作息
休閒活動	打球，一天看一小時電視
居家環境	電腦電視放客廳， 書房就是純粹用來念書與休息的地方
讀書習慣	課前預習，課後複習

看什麼書

類別	書名	出版社
自然科學	家庭醫學大百科	牛頓
	少年百科全書	東方
	萬物簡史	天下
	費曼作品集	天下
文學	青年的 4 個大夢	遠流
	中國歷代作家101	遠流
	說說笑笑談寫作	螢火蟲
傳記	世界偉人傳記叢書	東方
歷史	漫畫台灣史	新自然主義
	中國的世界文化與自然遺產	水準

賴奕雯

自律嚴明，
落實讀書計畫

王紀青／採訪、攝影

高雄縣鳳山國中資優班2008年畢業生賴奕雯，
在第一次國中基測考了312分，是全縣唯一滿分的考生。
她的讀書方法，就是從國一開始，訂定讀書計畫，
把每天的讀書內容與進度都表定排列，
這項竅門有何神奇之處？我們一起來看看。

[小檔案]

畢業學校	高雄縣立鳳山國中
錄取學校	高雄女中
家庭背景	父母都從事教職，有一個妹妹
興趣嗜好	閱讀、鋼琴、直笛、游泳、羽球

賴奕雯訂出每三週一張的讀書計畫，落實執行。

高雄縣鳳山國中資優班應屆畢業生賴奕雯,在第一次國中基測時就考了312分,是全縣唯一滿分的考生。在她家,全家共用的大書房,是賴奕雯最常待的空間。

世界文學名著、比爾蓋茲、自然科學小百科、觀念物理、觀念化學、馬可波羅、哥倫布……,賴奕雯書架上這些書,全都看過,她最喜歡的還是科幻小說哈利波特、魔戒,「書中的奇幻世界都是生活經驗中所沒有的,充滿想像力」。

◯ 必做筆記　輔以圖表

喜愛閱讀的賴奕雯說,儘管課外讀物很吸引她,但她的主要精神還是放在課本上,因為她從升上國一、考上鳳山國中資優班的那天起,就下決心:「一定要考上高雄女中」,這是她學習的動力與能量的來源。

「做筆記」是賴奕雯讀書的訣竅。任何一門科目,她上課時一定做筆記,回家再重謄一次。功課壓力愈來愈重後,已沒有時間重謄,但她的筆記仍是同學公認的「經典」——字跡工整、條理分明,還輔以圖、表。每到考試前,同學就集體向她借筆記,她不藏私,樂於分享。

◯ 專心聽講　最愛自然

她最喜歡的是自然科,「只要上課專心聽講,勤快做筆記,弄懂基本觀念,沒有想像的那麼難」;社會科部分,地理千萬不要死背,而是藉助記熟地圖,因為地圖比文字好記。歷

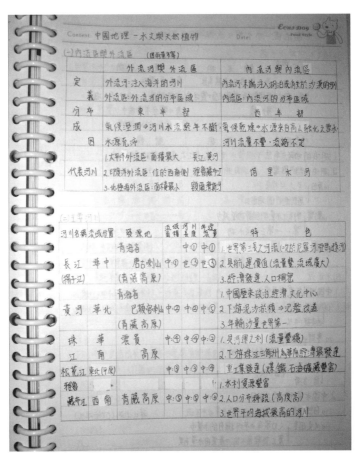

Content: 中國地理－水文與天然植物　　　Date:

(一)內流區與外流區　(圖雨量多寡)

	外流河與外流區	內流河與內流區
定義	外流河:注入海洋的河川 外流區:外流河的分布區域	內流河:未能流注入湖泊或成為沙漠的河川 內流區:內流河的分布區域
分布	東半部	西半部
成因	氣候溼潤→河川水流終年不斷 水源充沛	氣候乾燥⇒水源來自高山融化之雪水 河川流量不豐，流路不足
代表河川	1.太平洋外流區:面積最大　長江黃河 2.印度洋外流區:位於西南側　雅魯藏布江 3.北極海外流區:面積最小　額爾齊斯河	塔里木河

(二)主要河川

河川名稱	流域位置	發源地	流域面積	河川長度	年逕流量	特色
長江 (揚子江)	華中	青海省 唐古喇山 (青藏高原)	中①	世①	世①	1.世界第三長之河川(次於尼羅河亞馬遜河) 2.具航運價值(流量豐,流域廣大) 3.經濟發達,人口稠密
黃河	華北	青海省 巴顏喀拉山 (青藏高原)	中②	中②	中②	1.中國歷來政治,經濟,文化中心 2.下游泥沙淤積⇒河道改道 3.年輸沙量世界第一
珠江	華南	雲貴 高原	中④	中④	中④	1.具河運之利(流量穩) 2.下游珠江三角州為華南經濟最發達
松花江	東北(平原)		中③	中④	中④	重工業發達(煤,鐵,石油礦藏豐富)
雅魯 藏布江	西南	青藏高原	中⑤	中⑤	中⑤	1.水利資源豐富 2.人口分布稀疏(高度高) 3.世界平均海拔最高的河川

賴奕雯的筆記字跡工整、條理分明，每到考試前，同學爭相向她借筆記，
她不藏私，樂於分享。

史則是在心中要架構出歷代順序，並且把每個朝代相似事件列表做比較。

國文科部分，她把老師上課時寫在黑板上的補充教材，全部抄在筆記本上，她只讀熟老師給的東西；英文科，除了勤做筆記，她還會上英文網站練習口說，以及聽「大家說英語」的廣播節目、看小品文章；數學科，則把觀念、定義弄清楚，每週定期練習題目，加強解題的「手感」，並找出短時間即可解題的方法。

賴奕雯還有一項絕招，就是從國一開始，就訂讀書計畫，把週一至週日的讀書內容與進度都一一排出列表，就這樣按部就班，才能揮出「大滿貫」。賴奕雯的臥室，乾淨整齊有條理，衣櫥裡一件件摺得像「豆干」的衣服，讓賴奕雯的房間被父親賴進興譽為「模範宿舍」。

自律嚴明　想法成熟

賴進興有兩個寶貝女兒，自封為「女生宿舍舍監」，他對長女賴奕雯的房間，評分最高，「奕雯的執行力，連我都自歎弗如」。

賴奕雯會規劃讀書計畫、安排讀書時間，每個科目的筆記，做到讓人欽佩她下的工夫；就連內務，她都可以像阿兵哥一般，把棉被、衣服摺得有稜有角。

與同齡的孩子比起來，賴奕雯的想法較成熟，她喜歡音樂、學過鋼琴，還加入木笛團。

賴奕雯說，她最喜歡主播沈春華說的一段話：「我把榮耀與成果留在昨天，看的是明天；不會一直沉浸在過去的榮耀與喜悅裡，就忘了往前走。」這是她心境的最佳寫照，「基測滿分，高興一天就好」。

爸媽怎麼教
全家共讀
大書房裡聊天地

賴家很特別，賴爸爸將整個三樓「淨空」，利用十坪大的空間，規劃出「全家共讀」的天地。每天晚上七點半，全家吃完晚飯後，就不約而同上書房，同享親子共讀時光。

書房裡有電腦、書桌、書櫥；書櫥除了有賴爸爸的環保工程等相關書籍，也有賴媽媽的財務金融、會計專書，更有兩個女兒的教科書與中英文課外書籍。看書累了，親子間談天說地，洋溢著溫馨和幸福。

擔任輔英科技大學教務長的賴爸爸賴進興說，設立全家共讀的大書房，是希望營造書香氣息，像圖書館，但不全然是讀書的地方，最重要的是，一天當中有一段時間，是全家共同的時間。

「我們反而怕奕雯自我要求太高，因此從不把焦點放在她的功課上，」賴進興表示，他和太太比較會注意到的是奕雯的

人際關係、對於周遭人事物的關懷、碰到挫折如何面對等，再從旁協助輔導。

也在輔英科大教書的媽媽葉淑杏說，讀書不是唯一，懂得情緒管理更重要。值得安慰的是，賴奕雯的情緒管理做得很不錯，有時考試未達預期目標，難免沮喪，但她會找父母、同學傾訴。導師鍾美惠要大家把心事寫在聯絡簿上，也讓奕雯得到適時開導，「感謝鍾老師的用心，及對孩子的啟發，對穩定情緒有很大幫助」。

從女兒小時候開始，賴媽媽就教兩姊妹如何以有限的錢做最有效的運用。兩姊妹長大後，媽媽開始灌輸她們理財的觀念，賴奕雯說：「我很節省，不會浪費，買東西之前，會先評估是否有需求再下決定。」

賴家的書房面積近十坪，是「全家共讀」的場所，也是親子談心、分享的空間。

趙貞婷

勤做筆記，
同儕激勵念書

邱瓊玉／採訪　高智洋／攝影

台北市復興中小學國中部畢業的趙貞婷，

2008年國中基測滿分考進北一女就讀，

她自認為並非絕頂聰明，但國中班上好友相互激勵，

讓她覺得念書很快樂。她還有什麼讀書竅門？

她的父母又是怎麼栽培她的呢？我們一起來了解。

【 小檔案 】

畢業學校	私立復興中小學國中部
錄取學校	北一女
最愛科目	英文
興趣嗜好	彈琴、聽音樂、看書
規律作息	絕不熬夜，晚上12點前一定上床休息
讀書秘訣	課前預習、課後複習；課本先讀通，再來做題目；利用同儕的力量，培養讀書風氣

北一女學生趙貞婷從小學鋼琴，現在是調劑生活的良方。

「我覺得同儕間的讀書風氣，是我考滿分最大的訣竅。」台北市私立復興中小學國中部畢業的趙貞婷，在2008年國中基測拿下312滿分，現在就讀北一女的她，謙虛地表示，自己不是絕頂聰明的人，但在求學過程中，朋友、同學間的相互激勵，讓她覺得念書真的是很快樂的事。

　　剛從台北市安和路搬到板橋的趙貞婷，父母親都從事服務行業，工作非常繁忙，有時假日也不得休閒，再加上大趙貞婷七歲的哥哥，現在台南念科技大學，不住家裡。趙貞婷放學後，常常都是獨自料理晚餐，養成她獨立的個性，對於讀書也有自己的想法。

◯同儕激勵　讀書風氣好

　　父母親工作忙碌，讓趙貞婷特別喜歡和朋友在一起，她說，國中時，班上一票朋友全都非常愛念書，平時下課沒事，大家都會聚在一起討論上課時的內容，班上讀書風氣超好，就靠著三年的同儕激勵，讓她愛上了念書。

　　上課專注的她，非常喜歡做筆記，一有不懂的地方立刻會問老師。考試錯的題目，趙貞婷也會把題目抄在課本旁邊，讓她的課本幾乎滿滿都是各式各樣筆記。趙貞婷說，課本對她非常重要，她偏好自己整理出來的筆記，讓她成為同學眼中的「筆記大王」。

不懂就問　課本全筆記

像歷史、地理科，趙貞婷偏好先將課本後附錄的圖表剪下來，依照時間順序放進資料夾中，方便對照閱讀，尤其歷史科，就像看故事一樣，家中一套「漫畫台灣史」便是她對照學習的最佳輔具。

雖然課外讀物的閱讀量不大，但豐富的遊歷經驗，讓趙貞婷在念到相關單元時，可以拿自身的經驗出來印證。曾去過美國、加拿大、印尼、馬來西亞、泰國、沙巴、日本等國家的趙貞婷，對當地的人文風情都有深刻印象，寫作文時也能有更深一層的情感描寫，她喜歡交朋友，國小時還交過幾個筆友，靠著書信來往，訓練英文能力。

讀書不熬夜　心煩彈琴

平時喜歡聽音樂、看影集的趙貞婷，也靠著英文電影、歌曲訓練英文聽力，一些有趣易讀的英文小說，也是她增進單字量的方法，例如「心靈雞湯」、「巧克力工廠」、「Heartland」等小說，都是她的最愛。

不喜歡熬夜的趙貞婷，國中前最晚不超過晚上11時，即使上了高中，課業壓力變大，也絕不超過12時，她說，熬夜其實也念不到多少書，隔天上課反而沒精神，學習效果反而較差。平時如果念得很煩，就會去彈彈琴，讓自己心情平靜下來再繼續念。

尊重孩子

讓孩子無後顧之憂
活出開闊人生

「功課好壞是其次，但我希望我的孩子心胸開闊，勇於接受任何新事物。」趙貞婷的母親表示，自己從不干擾孩子讀書，也不會「強人所難」，尊重孩子的安排，她認為孩子都是獨立的個體，家長只需要從旁協助即可。

一走進趙貞婷的家，立刻就會被客廳的一大片觀景落地窗吸引住，從客廳望出去，剛好就可以遠望101大樓、新光三越、圓山、基隆河等知名台北地標。趙媽媽表示，當初就是這個景觀讓她決定買下這房子，因為她認為貞婷讀書累了，就可以走來窗前看看風景，開闊一下心胸。

也許是因為父母親工作很忙，平時無暇陪伴孩子，但家人感情很好，為了彌補親子間相處時間的短暫，趙媽媽只要工作一有空就會趕回家和孩子談心聊天，關心孩子。國中以前，趙貞婷在課業上有不懂的地方，趙媽媽都會充當小老師，但上了國中以後，課程比較專業，只好讓孩子上補習班。

趙貞婷的書房剛好就位在客廳的後方，而且是用透明玻璃圍起來，這樣家人在看電視時，難道不會干擾嗎？趙媽媽說，只要貞婷在念書，家裡絕對不會有人看電視，自己雖然沒辦法幫貞婷念書，但總覺得孩子認真用功，自己如果跑去睡覺、看電視，會有種罪惡感，因此貞婷在書房念書時，自己就會拿本

趙貞婷擁有許多課外書，適時地補充課外常識。

書在客廳看，一起陪貞婷念書。

　　趙媽媽說，雖然不會特意要求孩子課業，但孩子如果願意念書，她絕對盡其所能，讓孩子無後顧之憂，像她曾經為貞婷請過家教，但當時女兒認為補習班的練習題目比較多，她幫忙打聽，再加上貞婷試聽後的意願，覺得不錯才去補習。

　　趙媽媽說，她絕對尊重孩子的想法，也從不過問孩子的課業，她認為孩子要學習對自己的行為負責，像她的大兒子，現在就讀台南科技大學，她也不會認為大兒子就比貞婷差，反而認為兩個孩子都找到自己的興趣，很為他們開心。

　　雖然不逼孩子念書，但有一點是趙媽媽相當堅持的，那就是讓貞婷學鋼琴，趙媽媽相信學音樂的孩子不會變壞，音樂將會成為孩子的心靈寄託，她也鼓勵女兒，書念煩了就去彈彈琴，即便只有10分鐘也好，效果不錯。

謝佳銘
資賦優異，
念書功夫很扎實

簡慧珍／採訪、攝影

彰化市陽明國中畢業生謝佳銘，
在2008年國中基測數學、自然和英文考滿分，
以總分301分進入國立彰化高中數理資優班就讀。
他除了有資賦優異的優勢，
仍然做到扎實基本功夫──多問、多看、多寫。
他如何做到呢？我們一起來了解。

小檔案

畢業學校	彰化市陽明國中
錄取學校	彰化高中
滿分科目	數學、自然、英文
錄取學校	彰化高中
最喜歡的科目	物理
興趣嗜好	看小說、聽音樂

謝佳銘小五到國二參加五次全國奧林匹克數學競賽，每次不落空，國一
成績最好，得到第二名。

彰化市陽明國中資優班畢業的謝佳銘如願考進第一志願彰化高中，在學校，師長認為他是思慮謹慎的學生，在家裡呢？謝佳銘的書房裡一座落地書櫃裡擺滿自然、歷史、語文類精美套書，他最喜愛的是地球學習百科。生活像一連串數學、物理、化學現象的組合，開啟他對理科方面的興趣。

數學練功力　多做題

　　就讀國一時，謝佳銘補習物理、化學、英文三科，不補數學，全靠自己練習；升上國二，他繼續補習理化，英文科自己讀。

　　「上數學課時認真聽老師講解，下課寫數學作業，順便回想剛才上課教的內容，」謝佳銘說，不懂的地方不必急著問，先動腦筋想一想，想不出來就請教同學，至於數學題一定要多做，無論課內或課外，做錯才知道自己有哪裡還不懂，而且會特別牢記。

自行做圖表　歸納出條理

　　準備物理、化學科，得先讀熟教科書，再廣泛涉獵課外的知識，他常上「科學教育月刊」、「科景」網站瀏覽最新的科學知識。生物科要背誦的內容比較多，謝佳銘不喜歡死背，做表格、畫樹狀圖，把生物知識系統化，歸納出條理後，較易烙印腦海中。

　　英文是謝佳銘小學唯一補習的科目，從小一上到國一，奠

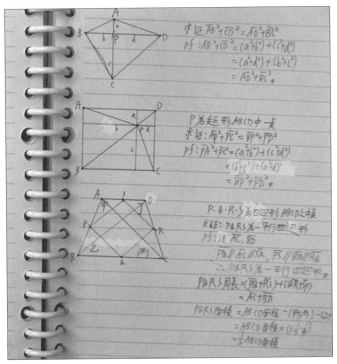

謝佳銘的數學筆記用紅、藍筆寫重點,主要的運算和公式記在他的腦裡。

定發音、生活會話的基礎,國二起他開始讀原文短篇文章認識
生字、增進閱讀能力,訓練聽力的方法則是看英、美影集時關
掉中文字幕,記住聽不懂的地方,然後打開中文字幕,再看一
遍影集對話。

◯ 聯想歷史人事物　深化記憶

第一次基測五月下旬舉行，他三月初開始總複習，先讀需要大量記憶的社會科。「讀地理時，教科書旁邊放一張地圖，隨時對照，」謝佳銘說，雖然非常喜歡閱讀歷史故事，但課本不是故事書，沒那麼有趣，他一面背誦人與事，一面聯想歷史故事以深化記憶。

接下來讀國文、英文。國文科方面，弄清楚字音、字形和修詞，多看作文指引；英文是熟背單字、片語、文法和字類變化。最後準備自己的強項科目自然和數學，讀熟教科書，多演算題目。

◯ 考前　只讀老師給的材料

他說，國中各科老師訂定複習進度，並且給很多加深加廣的教材，考前複習老師提供的講義和測驗卷就夠了，全部重讀一遍，仍然不懂的地方加註記號，再讀一遍。

爸媽怎麼教

讓孩子判斷
培養自主能力

謝佳銘的父親謝式芳常告訴三個孩子，阿嬤沒讀書，「爸

爸、媽媽能讀這樣，你們也要自己去讀」，至於怎麼讀，謝式芳說，先分析利弊得失，再讓孩子嘗試、思考，培養他們的自主能力。

謝式芳和妻子黃文貞共同經營工廠，每星期頂多和子女聚餐一、二次，「孩子漸漸長大，各有各的事要做，」謝式芳說，很想帶孩子外出遊玩增進親子感情，無奈時間不允許。

其實，謝式芳夫妻創業到事業穩定的十多年都很忙碌，沒時間也沒刻意規劃栽培子女的方法。黃文貞說，在孩子學齡前曾買幼教光碟片，等到孩子陸續入學，就請學校老師多關照，跟著學校進度學習，小學沒補習。

「佳銘讀資優班之前，我根本不清楚資優班是什麼，」謝式芳按照他的想法教育子女，一切讓孩子判斷、做決定，讀小六的謝佳銘回家說要考彰化市陽明國中資優班，謝式芳問：「真的想讀資優班？」謝佳銘回答說：「是，導師叫我試試看，我也想試。」謝式芳點頭答應了。

報名參加彰化高中數理資優班考試，也是謝佳銘的決定。「我們夫妻沒辦法照顧他們一輩子。」謝式芳說，孩子總要步入社會面對各種問題，父母無法永遠盯著他們、保護他們，因此，培養孩子判斷力和做決定能力非常重要。

在家裡，黃文貞要三個孩子輪流做家事，擦地板、洗碗筷、洗衣服，養成生活自理能力，在學校，交給老師教導和信任子女的自主能力。謝式芳不否認期待謝佳銘三年後選擇醫學系，但是「決定權在他的手裡，我不勉強」。

鄒杰
數學高手，
愛高歌紓壓

王紀青、顏福江／採訪　王紀青／攝影

鳳山高中二年級數理資優班的鄒杰，
國中基測考了279分，數學、英文兩科滿分，
他未選擇高雄中學，就近讀鳳山高中。
鄒杰最好的科目是數學，卻花最少時間準備，
他如何做到呢？我們來一窺究竟。

【小檔案】

畢業學校	高雄市立志國中
申請學校	鳳山高中
專長科目	數學、物理、化學
興趣嗜好	唱歌，最愛唱「你怎麼捨得我難過」、「背叛」
最愛做的事	把教室講台當星光大道，充當「星光班」班長，高歌一曲

鄒杰的書房裡，滿滿都是學校教科書，只有三本課外讀物，其中兩本是
「古文觀止」，他承認，「不喜歡看小說」。

國立鳳山高中二年級數理資優班的鄒杰自詡為音樂才子「J」——周杰倫，他喜歡唱歌，但最厲害的是數學，花最少時間準備，卻是成績最優的科目，「國中基礎很重要，多算多聯想，才能持續保持數學計算的手感」。

鄒杰這次月考考全校第一名，當別的同學不是不及格，就是「低空掠過」勉強及格，他卻是數學97分、物理84分、化學90分、生物93分，很多同學嗆：「鄒胖，太超過了！」

長得很「肉感」的鄒杰說：「記憶中，只有幼稚園時代跟『瘦』這個字掛過鉤。」

⬤ 摸熟題型與模式 數學從不補習

鄒杰國中就讀高雄市立志中學，數學從未補習過，成績大多九十幾、一百分，國中基測考了279分，數學、英文兩科滿分，這個分數在當年可以上雄中。

就近讀鳳山高中，高一數學成績中上，並不突出；他說，後來慢慢了解高中數學的題型與模式，國中基礎打得好，找回解題手感後，高二開始數學進步神速，成績冠全校。

⬤ 國中打好基礎 練出解題手法

鄒杰說：「國中要打好基礎，這點很重要。」數理有連貫性，國中要打好基礎，才能面對高中更繁複的數學題型。數學是一種邏輯觀念的釐清，平常上課要專心聽講，並建構熟悉的

解題方式，練出解題手法，勇於挑戰多元題型，才能靈活運用解題技巧。

「不要懼怕數學」，鄒杰認為，很多人解題遇到瓶頸，會心急，反而打亂解題方向，「建議沉澱心情、調整思慮、重新出發」，尤其細心很重要，「有時太簡單的題目，往往隱藏陷阱」，自己就曾粗心大意，失掉冤枉分數。

數學多練多想　自然熟悉題型

鄒杰表示，數學要多演練，自然熟悉題型，遇到不同類型題目，腦筋也能迅速調理最適當的解題模式。

數學老師林建伯，每回給學生考完小考，最愛拿鄒杰的試卷做「標準答案」給全班參考。

鄒杰說，林老師教學生動活潑，蒐集他校資優班題目，網羅歷屆學測考古題，並自編數學講義，重點清楚敘述，並有條不紊地整理，「省下我抄筆記的時間，且題型多樣化，自然比別人更能應付不同的數學考題」。

下課大展歌喉　自得其樂

鄒杰平常讀書至凌晨 1 點，大考期間約延至 2 點，最大紓壓方式就是唱歌，在校常逮住下課十分鐘，講台成了他的星光大道舞台，拿起麥克風就唱起歌來，雖然有時被同學「噓」，個性活潑大方、不害臊的他，仍自得其樂。

兄妹共讀
挑燈夜戰兼瘦身

「每次數學解題成功，都有莫大成就感」，對數學愛不釋手的鄒杰，卻沒有閱讀的興趣，文科成為他的罩門。

走進鄒杰書房，滿滿都是學校的教科書，只有三本課外讀物，其中兩本是「古文觀止」，「不喜歡看小說，看到密密麻麻的文字就想睡了」。 文科較弱的鄒杰，猛攻英文。鳳中給每個學生訂閱空中英語教室雜誌，每月都要看一本，也是月考考題範圍之一，目前鄒杰全民英檢初級通過，中級初試過，已經進入複試階段，「拚拚看，希望能過關」。

由於書房小，形容自己很「肉感」的鄒杰，覺得有壓迫感，大大的餐桌成為他每晚K書的書桌；他還帶著國三的妹妹鄒佟一起讀，鄒杰笑說，「因為有示範效果」。

鄒佟國文很強，愛寫文章還PO上網，最愛閱讀小說，常常上網買書，還參加第二屆聯合盃全國作文大賽。但數學卻是她的罩門，與哥哥每天晚在餐桌「共讀」，鄒佟認為最大的好處是，隨時有一位數學小老師教她，而且不必付鐘點費。

接近月考前夕，兄妹倆挑燈夜戰，有個伴，比較不會撐不下去。鄒杰說：「跟妹妹一起K書，效果不錯。」夜讀還有個附加價值：「可以燃燒脂肪。」

在無線電計程車公司擔任主管的鄒家大家長鄒龍麟說，他和太太都忙於工作，孩子從小就訓練他們自己管理自己，先培

鄒杰（左）和妹妹鄒佟（右）每晚在餐桌「共讀」，他說，兄妹共讀效果比較好，「讀得晚，我還可以趁機燃燒脂肪」。

養他們良好的生活習慣，例如早上幾點起床、做什麼、中午有休息時間、下午安排一些運動休閒活動，帶著孩子到住家對面體育場打籃球、溜直排輪、打羽毛球、網球等，養成規律後，生活作息就不會雜亂無章。

他表示，隨著兒女功課愈來愈重，生活作息也有所改變，但早上 6 時一定起床，7時到校，晚上兒子自己坐捷運回家，女兒則坐校車，但他還是鼓勵孩子，「該休閒時休閒，該放鬆時放鬆」。孩子上網忘了時間，他會提醒「該讀書囉！」

在藥廠工作的媽媽潘瑾瑜說，她對孩子採「自由、自動、自發」的教養方式，但她希望兒子鄒杰除了數學好，英文也要好，才具備基本競爭能力。

張家維
每天K書五小時，
基測五科考滿分

張祐齊／採訪、攝影

台北縣永平高中國中部畢業的張家維，
2008年基測以總分310分，如願考上第一志願建國中學。
他的秘訣是「上課專心聽講，回家做筆記，
並重複演練老師講的觀念和解題技巧」。
他還有什麼絕招？我們來一窺他的讀書方法及成長背景。

【 小檔案 】

畢業學校	台北縣永平高中國中部
錄取學校	建國中學
興趣嗜好	吹豎笛、打棒球、桌球、閱讀金庸 武俠小說和哈利波特
偶像	王建民

張家維（左）在永平中學國中部曾獲台北縣政府頒發模範生獎狀，母親顏文玲（右）與有榮焉。

台北縣永平高中國中部畢業的張家維，基測成績五科都滿分，加上作文，總分考了310分。他的好成績來自認真，一定要搞懂不會的問題。讀書累了，他還會以吹豎笛、打棒球、桌球等方式紓壓。

捨名校　上學省時間

張家維國小就讀永平國小，國中就讀永平高中國中部。他說，不到永和傳統名校福和、永和國中就讀，選擇離家近的永平就讀，節省下來的搭車時間，還可留在學校K書中心讀書，更划算。

他說，很感謝媽媽在他幼年時就讓他接觸書本，而不是玩具。無論是世界名著或是武俠小說，只要想看，媽媽都買給他看，培養自己對閱讀的興趣，思考邏輯與理解能力也在書中逐漸滋長。

張家維沒有補習，學校老師和同學都很意外為何他能在這次基測中考滿分。

張家維說，其實他在校內成績並非頂尖，只排行全校二十名上下。但只要上課不懂的數理公式，一定馬上向老師發問，不會拖到下次，回家後再反覆練習題庫，熟能生巧後，上考場自然能輕鬆應答。

沒補習　不懂馬上問

　　張家維的臥房兼書房，是他享受閱讀的地方。平常除了在學校K書中心閱讀，臥房內書架上的書大都是參考書，隨著上國中書籍愈來愈多，包括名人傳記和天下文化出版的觀念物理套書，多到連客廳牆上也多出一長排書架。

　　媽媽說他升上國三後，在家念書的時間變少，原因是在家比較舒服，讓他有放鬆的感覺，不容易精進念書，因此每天在學校下課後，至少花上五個小時以上在學校Ｋ書中心念書，週休二日則到住家附近的國立中央圖書館Ｋ書，持之以恆，直到放榜都不間斷。

不死背　反覆練解題

　　由於家維從小喜歡看金庸武俠小說和各國名人傳記，國文對他來說並不是難事。

　　張家維說，各項公式不能死背，要練習學校和在外購買參考書的題庫，反覆練習解題技巧，上課時會以不同顏色的色筆註記重點，輔以黃色便利貼將整頁重點濃縮，在複習時自然事半功倍。

爸媽怎麼教

堅持不買玩具
培養閱讀習慣

　　張家維的父親張記成台北工專畢業，擅長數理；母親顏文玲生下女兒後，辭去工作在家全心教導一對兒女。顏文玲說，自己從不逼孩子讀書，但孩子小時候就買很多故事書給他們看，即使家維向家人抱怨很無聊，自己還是堅持不買玩具，可能因為從小培養他閱讀，才養成他自動自發閱讀的習慣。

　　顏文玲說，小四之前，張家維念書都要靠她來盯著讀書進度，幼稚園開始就教他識字，因此他比同年齡的孩子認識更多國字，幫他打好國文和語文基礎，也養成閱讀習慣，小五起尊重孩子，了解他不想補習，就未讓他上補習班。

　　她說，逼孩子是沒有用的，像是張家維上了國中後，曾擔心他沒有補習，趕不上同學的進度，也跑到書局幫兒子買數學、理化的參考書，買回來後孩子反而說她買的參考書題型不好。

　　原來張家維自己每個月都會到書局比較各家參考書的題型，和學校老師教的有何不同，反覆練習後，兒子反而更清楚那家出版社的參考書題型，更適合準備基測用。

　　張記成說，他會上教育部網站找各種類型的理化題目給兒

讀書累了，張家維會吹吹豎笛紓壓。

子參考練習，甚至也從各國中模擬考題庫網站下手，主動找題
目給家維練習，希望讓孩子在準備基測能更熟悉題型。

　　張家維的書房就在客廳書架旁後方，只要家人看電視，就
會影響家維的念書，因此只要張家維在念書，家裡絕對不會有
人看電視，大多會拿書報雜誌陪他一起念書。

　　國中起張家維會將各報報導的基測滿分狀元剪下來，參考
其他模範生的讀書方式，也會把聯合報教育版的「新聞中的科
學」剪下來參考。

　　對於兒子，夫妻倆肯定地說，會永遠支持兒子繼續讀書，

古崇顥

國二才醒悟，
苦讀大躍進

楊德宜／採訪、攝影

古崇顥在國中第一次基測國、英、數三科拿到滿分，
他原本成績並不是頂尖，後來急起直追，
秉持「上課認真聽，該複習就複習」，
穩扎穩打讓他的成績突飛猛進。
他還有什麼絕招？我們一起來看看。

【 小檔案 】

畢業學校	私立復旦高中國中部
選擇學校	直升復旦高中高中部
興趣嗜好	玩電腦、打籃球
專長科目	生物
偶像	爸爸

古崇顯的家裡到處是書，床尾也堆一疊，他睡前要先看一段書才捨得睡。

私立復旦高中一年級學生古崇顥，國中就讀復旦高中國中部直升班，第一次基測總分299分，國、英、數三科滿分，「我居然錯在最簡單的社會科，」他很懊惱地說，不過，早就安排畢業典禮後去英國遊學，「我選擇直升，因為學雜費、交通費可以全免」。

古崇顥不選擇明星學校，他說，「都太遠了，而且建中沒女生」，國中就選擇進入直升班，「因為有門檻，競爭較強，有挑戰性」，而且他的目標是優渥的獎學金，「PR值97，國中前兩年顧好，高中不用付學費」，比讀國立高中還省錢。

○ 天天游泳不輟　為念書儲備體力

古崇顥說，他國中八年級才好好念書，「國小都在忙游泳」，他讀楊梅鎮楊明國小時，父親古源基是訓導主任，他與姊姊一入學就不得不加入游泳校隊。古源基從不要求孩子，「唯一強迫小孩就是游泳健身，身體好才有本錢念書」。

游泳是古崇顥國小六年來生活重心，每天放學游三個小時才能回家，假日也在游泳，考試前還在游泳，只有考試那週停止訓練，功課仍保持前三名，「爸爸當訓導主任時比較凶，我不敢說不，後來他當教務主任比較不凶了」。

○ 改正作息　早起讀書

古崇顥剛升國中時，成績在班級第十至二十名，八年級才覺悟，「快基測了，會怕」，他原本晚睡晚起，自發糾正自己

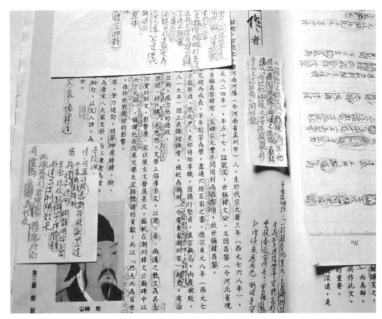

古崇顯的國文課本保持乾淨，浮貼是老師給的補充教材，額外的課堂筆記用便利貼，紅字是老師寫的重點，他再用鉛筆圈出自己做的重點。

的作息，晚上10時30分上床睡覺，翌日清晨5時30分就起床讀書，「上課認真聽，該複習就複習」，穩扎穩打是他成績突飛猛進的訣竅。

　　古崇顯說，複習時讀完任何一個公式、重點，要在腦中回想一下；國文科平常就要讀，且他愛看課外書，尤其是金庸

武俠小說、國文老師開的書單，「我每天睡前看一章回，5分鐘、10分鐘吧」，對考試時題目理解能力有幫助。

理科多練題　文科重背誦

他說，英文科要把課本看清楚，「知道怎麼用介系詞，單字平常背熟」，週六有一個半小時的英語家教，因為他國小六年級才真正接觸英語。

數學科方面，「每天都要算三、四題，」他說，教過的就會拿參考書來算題，考前把所有考題算過一遍。自然科就是多做題目，「有問題就問，依老師教的畫筆記」。他準備歷史科會背重要年代、人名、地方，「因為很死，才更要背」。地理科要增加看圖能力，「我會自己畫中國地圖，標地區、河川、山脈，考試看文字敘述，就會聯想到圖」。

爸媽怎麼教

父母不施加壓力
培養孩子自動自發

古崇顯的父母都是老師，父親古源基是桃園縣楊梅鎮楊明國小的教務主任、母親楊三紫在楊梅鎮瑞埔國小任教，他是家中老么，還有一個大他一歲的姊姊。他的偶像就是爸爸，「他很顧家，從來沒因為成績打罵我」，剛上國中時他數學考差，

「他只是嘮叨一下，叫我下次加油，不會有壓力」。

古崇顥愛看書，家裡到處是書，連客廳都有書櫃，他在房間床尾邊堆了跟床一樣高的大疊書，「睡前要看一下，我看書很快」，他即使看電視，也是看體育節目、DISCOVERY頻道、HBO，現在迷「CSI犯罪現場」，由於鑑識要有化學知識，「我對化學更有興趣」。

「父母不太會管我跟姊姊，」古崇顥說，即使爸爸看到他在玩電腦，也不會阻止，「我反而會想要達到自我目標，學校讀書風氣也很重要」。

古源基說，兒子的時間管理可以規劃得很好，假日還有自訂時間表，「他最期待週末傍晚可以打籃球」；古崇顥安排全天讀書時間，傍晚才是休息時間，「每個家長碰到這樣的小孩，都會很高興」。

古源基說，他從事教育二十七年，在家主張民主，讀什麼學校、做什麼事都讓兒女自己決定，「我怕小孩功課壓力大，不敢給他壓力，我不在乎小孩考第幾名」，與兒女感情一直很好。他晚上10時前就上床了，「他們多晚睡我不知道，女兒熬夜才念得下，兒子要早睡，讀書習慣不同，沒什麼關係」。

古崇顥說，爸媽都愛看書，他也受影響，「我從小童話書就很多，我就盡量看」。

古家氣氛好，古源基說，他與妻子都要上班，晚餐就一起做菜，當兒女考完段考、寒暑假比較有空，會全家去旅遊。古崇顥說，全家人的感情很好，他喜歡跟父母出遊。

莊凱期

活用知識，
印證生活實例

簡慧珍／採訪、攝影

彰化高中數理資優班學生莊凱期，
國中基測在數學、自然、英文三科都考滿分，
他的學習要領就是「多想、多算、多問」，
他還有什麼絕招？
我們來一窺他的讀書方法。

【小檔案】

畢業學校	彰化市陽明國中
錄取學校	彰化高中
最喜歡的科目	物理
最喜歡的運動	打籃球
最喜歡的小說	達文西密碼
最喜歡的課外讀物	生活中的科學

自然科學小百科是莊凱期的自然啟蒙書籍，上了高中，他仍經常閱讀。

國立彰化高中數理資優班學生莊凱期和多數資優生一樣，數理科方面的學習要領就是「多想、多算、多問」，就讀彰化市陽明國中時，老師準備大量課內練習題、課外補充教材，莊凱期當作「基本盤」，優先演算學校老師給的題目和熟記補充教材，不懂的地方先想解題方法，真的想不出來再開口發問。

數學撇步　就是多解題

　　「學好數學沒『撇步』，就是要多解題目，」他說，無論代數、函數都要多算，國中生要讀的教科書、參考書很多，自己找時間算數學，遇到難題千萬別馬上看答案或問老師，最好動腦筋想解題方法，真的想不出來才請教同學或老師。

　　算錯或無法算出的考試題目，更要堅持追求答案，而且「數學公式不要死背，多算題目會理解公式形成的原理」，莊凱期表示，死背公式不能達到靈活運用的界境，理解公式、多算題目可以幫助記憶公式。

活用知識　觀天象印證

　　啟發他喜愛自然和理化的是牛頓小百科，書裡記敘很多有趣的自然現象，例如今天傍晚如果彩霞滿天，明天會有好天氣，他連續觀察很多天，果真如此。上了國中，生物科的讀法是多觀察實例，常上網查閱生物知識，不過聯合報每週刊登的「新聞中的科學」最實用。

　　「看聯合報很多年，獲得豐富知識，」莊凱期表示，「新

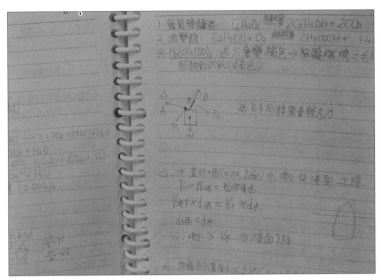

莊凱期的筆記本裡，以不同顏色標註，藍色代表「一般、已經了解的」，綠色代表「需要注意」，紅色是「重點」，必須格外注意和記住。

聞中的科學」專題報導例舉多個實例，深入淺出解釋科學原理，再配上相關專有名詞的英文單字，還附上延伸閱讀，「花10元可汲取許多資訊，實在划算」，即使課業壓力大，他仍保持閱報習慣，「每天讀一點、吸收一點，沒負擔」。

由於國中讀資優班，老師建議他提早買大學普通物理用書，他一面讀，一面印證生活實例，像帆船逆風前進與力學、作用力和反作用力有關，這樣很快記住物理的力學、作用力原理和公式。化學也一樣，可經由做實驗記住化學元素、反應，多讀課外書能幫助擴充化學知識。

聽說讀寫　均衡學英文

莊凱期國小三年級至國一曾補習美語，後來沒再補習美語後，他讀Life雜誌、活用空中英語、外國小說等，先看大意再查生字，然後朗讀文章，力求聽、說、讀、寫均衡發展。

國中基測作文拿下六級分的竅門，是多寫、多讀，莊凱期說：「國中導師要我們每天寫聯絡簿，功不可沒。」平時多看名家作品集，他偏愛張曉風的散文集、余光中詩集，優美字句對寫作很有幫助。

爸媽怎麼教

讀書不勉強
只為孩子分析利弊得失

「看孩子的志向啦，不勉強，」莊凱期的父親莊萬生說，為人父母當然望子成龍、望女成鳳，可是強加在孩子也沒用，不如分析道理，給孩子思考的時間和空間。

莊萬生有三名子女，長子考上台北市教育大學，長女就讀彰化女中，么兒莊凱期也如願考上彰化高中資優班；莊萬生說：「基礎打好很重要。」三個孩子讀國小時，他要求回家先寫作業，寫完才能做別的事，他每天檢查作業，了解孩子是否跟上進度。

莊萬生說，晚餐是全家相聚的快樂時光，每個孩子都說學校裡的事，莊凱期很活潑，一五一十報告老師、同學最新動態，「當父母的要學會傾聽，就讓孩子講學校生活點滴」，到現在莊凱期讀高中，仍然和父母聊學校的事，在他們家，好像沒有親子溝通不良的問題。

　　莊凱期幼稚園大班時會拼七巧板，排列組合各種圖案，莊萬生觀察後，認為莊凱期抽象思考能力很好，可以靜心做完事情，因而讓莊凱期學珠心算，及參加民生國小資優班甄試，不過都徵求莊凱期意願，「嘸勉強啦！」

　　莊萬生每天收看新聞、閱讀報紙，對青少年叛逆不接受父母安排的相關報導和文章，印象深刻，他說，父母強迫子女、主動為子女安排，未必盡如人意，倒不如了解孩子想要什麼，父母分析利弊得失，然後把選擇權交給孩子，「硬逼著孩子遭到排斥，再多安排也沒用」

　　「孩子都自動自發，凱期自動讀書，不用我操心，」莊萬生欣慰地說，跟孩子們講的話，他們願意聽也聽進去了。莊凱期是家中年紀最小的，看著哥哥、姊姊樹立的榜樣照樣做，姊姊讀美語，他要求讀；哥哥使用電腦查資料、寫作業，他請哥哥教。

　　寫完功課的休息時間，莊凱期愛看電視卡通哆啦Ａ夢，因為「從小看到大，看習慣了，很喜歡哆啦Ａ夢」。莊萬生表示，孩子讀書之餘需要娛樂，讓他們看看電視、玩一下電腦，父母適時表現作風開明，孩子會懂得自制。

曾子維

數學金頭腦，
不記重點、不畫線

曾增勳／採訪、攝影

桃園縣建國國中畢業的曾子維，基測成績五科滿分，
加上作文以總分310分，進了第一志願國立武陵高中。
他上課非常投入，課本讀得很仔細，
「用自己的方式讀書、抓重點」。
他還有什麼絕招？我們來一窺他的讀書方法及成長背景。

【 小檔案 】

畢業學校	桃園縣建國國中
錄取學校	武陵高中
最愛科目	數學
興趣嗜好	聽音樂、看書、球類運動，興趣廣泛多元

曾子維會讀書、喜愛籃球、足球,念書累了會上球場運動紓壓。

桃園縣建國國中畢業的曾子維，課本不記重點、不畫線，基測成績五科滿分，加上作文，總分考了310分，進了國立武陵高中。他上課非常投入，課本讀得很仔細，「用自己的方式讀書、抓重點」，讀書時間從不超過晚上10點，讓自己隔天上課精神百倍。

○ 作文引詩經　老師驚訝

曾子維家住在八德，小學就讀住家附近的大勇國小，上國中輕鬆考入建國國中英語資優班，與實力相當的同學相處，曾子維國中時期變得十分會搞笑，在校園抓烏龜、與同學一起起鬨，國中時期過得十分快樂，卻是少數成績好、會玩、也讓老師頭痛的學生。

他國三的班導林麗卿說，她教國文，曾子維國一時，國文就非常突出，第一次作文就引用詩經、老子的話，一問才知曾子維是認真看過這些書，不是亂抄，讓她覺得「這個孩子太特殊了」。

林麗卿發現曾子維不只國文好，數學更好，她了解曾子維每天睡得飽、從不熬夜讀書，因此與數學老師講好，找班上幾名數學好的同學，組成數學小組，經常在午休時間進修數學。

○ 數學金頭腦　勇奪金牌

曾子維國二時參加桃園縣金頭腦數學競賽，一舉拿下金牌，引起武陵高中校長林繼生、數學老師陳銘欽注意，林繼生

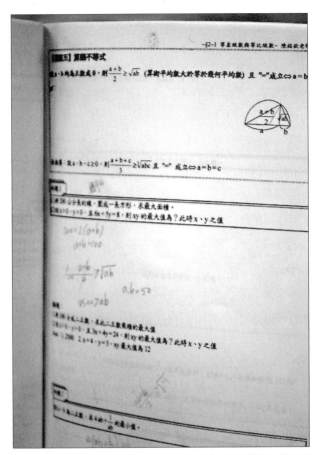

曾子維念書有時憑自己喜好解題、寫寫重點，包括數學、課本講義經常空白多。

還趁建國國中運動會，插隊安排頒獎贈送曾子維一台掌上電腦字典，陳銘欽亦提供數學課外講義。

曾子維母親鄭淑惠說，家人原先也想要子維讀建中，子維最後選擇武陵、不念建中，是因為陳老師的緣故。

上課專心聽講思考 不做筆記

曾子維上課非常專心投入，上課都在聽和思考，課本不做筆記不畫線，可以為了一個題目一直去想，聯絡簿寫的都是數學解題和思考的內容。

曾子維沒有補習，從小愛看各種書籍，自學學會下圍棋。他說，讀了很多課外書，也喜歡籃球、足球各種球類運動，隨性讀書，看過金庸武俠小說、哈利波特、鬼故事，也看古文觀止和許多古文書，只是他最喜愛數學，因為解題很有趣。

不熬夜 大多讀課外書和數學

他在國三模考校排常名列前茅，也曾落到70名後，但是他第一次國中基測，就拿到五科滿分、作文10分。曾子維說，他上課不做筆記、不畫重點，回家讀課內書或講義，讀二、三個小時，課外書和數學反而讀得多，他念書就會念得很仔細，念到會，每天晚上10點前睡覺。

曾子維基測五科滿分，如何辦到？他表示，他從國三下學期開始拚基測，「基測滿分只是題目都會做，是運氣」。

打好基礎
讓孩子隨性自由學習

　　曾子維從小的讀書啟發和教養，全是他母親鄭淑惠一手包辦。鄭淑惠生下曾子維和女兒後，14年全心在家專心教導兩兄妹，曾子維的數學啟發來自他母親，母子的感情也最好，鄭淑惠的言行教養，對曾子維影響最大。

　　鄭淑惠直到兒女念書已可以自動自發，「比較不用我操心了」，她才重回職場。曾子維從小讓她付出很大的心血，現在子維自己找到興趣，讀書會抓他自己要的東西了，她也就鬆手了。

　　曾子維一家人住在八德市，父親擔任警衛，工作辛苦，曾家雖然不富裕，但是一家人感情親密、滿足，她母親說，家裡沒有書房，在客廳擺放的一張麻將桌子，就是子維兄妹從小到現在的「書桌」。

　　她形容，來家裡的客人少，所以讓孩子從小在客廳做功課，她則在一旁看書和教導孩子，可以了解孩子功課進度和遇到的困難，親子關係也會較親密。

　　從小曾子維的數學能力就很強，他母親發現後，小學起，就用數學教科書教孩子，一課一課、一題一題跟著孩子算，並

帶著子維參加論語、孟子讀經教育，加強孩子的國英數基礎。

　　她認為，從孩子小時候起，就嚴格要求打好國英數基礎，一路陪著孩子。小學、國中教他們讀書，孩子只要小學打好基礎，在國中讓孩子抓到興趣，就可以慢慢鬆手。她覺得，孩子數學基礎打好，讀理化就很輕鬆，「我一路用自己的方式教孩子」，讓孩子隨性自由的學習。

　　「我的觀念是孩子盡力就好，並不重視成績分數」。她這個觀念也影響到曾子維，國中時期，曾子維國三的一次模擬考成績，落在校排70名之後，他也不在意，反倒是讓老師驚訝。

　　鄭淑惠說，因為她會問孩子考試寫錯的原因，如果是孩子粗心，她就不多講話，如果是孩子不懂，她就會仔細講解。「我不會寵孩子，錯了，我有時會大罵，讓孩子知道自己不對」，培養孩子要有抗壓性。

　　子維從不是按部就班的讀書方式，書本不畫重點，只記自己要記的綱要重點。平常她不給孩子看電視，子維很多時間都在算數學，也從中找到自己興趣，高中幸運遇到數學科的導師陳銘欽。「用愛去教孩子，不要逼他」，只要孩子在書中找到興趣，讀書就會得心應手。

曾子維會讀書又貼心，基測五科滿分進入第一志願武陵高中，母
親感到光榮。

林大幃

常常做題目，
把FU練出來

楊德宜／採訪、攝影

國立武陵高中一年級學生林大幃，國中基測考了304分，
他的國文、英文、數學、自然科滿分，作文滿級分。
他為準備考試，要練習出「FU」（感覺）來，
「常做題目，就能掌握解題技巧」。
他還有什麼絕招？我們來一窺究竟。

【 小檔案 】

畢業學校	私立六和高中國中部
錄取學校	武陵高中
得意紀錄	國家地理知識大競賽，國二拿第九名，國三拿第四名
專長科目	英語
興趣嗜好	讀小說、翻地圖
偶像	爸爸

國立武陵高中學生林大幃（左）是私立六和高中國中部主任王詩瑩（右）的
得意門生，兩人自嘲都愛耍寶。

國立武陵高中一年級學生林大幃，畢業自私立六和高中國中部，以基測304分錄取武陵高中，國文、英文、數學、自然科滿分，作文滿級分，他說，敗在公民科錯兩題，「扼腕啊」。

私立六和高中國中部主任王詩瑩說，林大幃是她的得意門生，「他上課很認真」，剛入學時國文表現很「爛」，「我們有聯合報作文班，把他作文從 4 級分訓練到 6 級分」。

林大幃說，他國小老師認為數學科最重要，國語科也用來上數學，結果他上國中時跟不上。

◐ 廣讀詩詞韻文　作文引用佳句

林大幃說，國中讀私立學校，「好像很嚴，其實老師教學比較活潑」，國文科老師用歌詞入題，他開始讀國學常識等國文資料，自己摸索出方法，「找出句子關聯性，就能找出什麼修辭」，他拚命讀詩詞、韻文，「考卷看到美的詩詞，我就抄下來」。

作文滿級分，林大幃說，跟他喜歡閱讀很有關係，「我看書很雜，什麼都看」，以及作文班老師指導如何切題、寫作，「要盡量跟別人不一樣，但不要不一樣得太過火」。他進步很快，因為大量閱讀，考作文時他引用書中讀過的佳句，大大加分。

林大幃以不同顏色的筆做筆記，避免混淆不同的內容。他說，國中時國文作業都利用下課時間寫完，回家比較輕鬆，國文科要稍加預習，當天複習，考試時「不要想太多，適度引

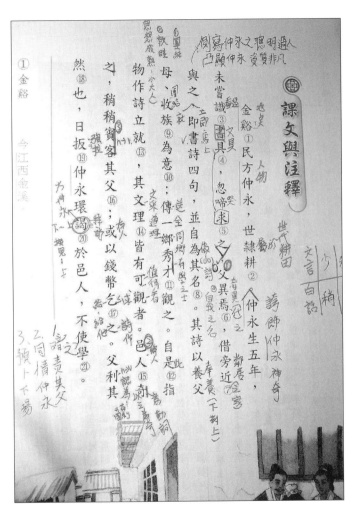

林大幃的國文課本，用不同顏色筆作筆記。

用，不要過度引用」，經驗談是「相信自己直覺」，避免把答案改成錯的。

英文解題抓關鍵字　背課文記句型

他幼稚園時，媽媽牽著他走在路上，都要他認車牌上的英文字母，國中開始聽ICRT電台，「現在聽得懂英語新聞」，不熟的單字要背起來，「背課文的話，句型會記得比較清楚」，解題要抓出關鍵字，例如介詞、動詞形態、時間狀態。

熟讀課文再做題　看Discovery頻道

自然科方面，林大幃認為先把課文內容讀一遍再做題目，回家再把錯的題目全看一遍，生物科要懂得聯想，「生物的分類不是用背的，是推演出來的」；他看DICSOVERY頻道，「可以加深印象」；上課每個實驗認真做。

想像遨遊各國地理　歷史當新聞讀

社會科，林大幃說，地理科要有想像力，「想像假如我去那裡玩，就背得起來，背首都會加深國家印象」。歷史科重人文介紹，「當新聞來看」，例如馬關條約用故事串連，故事主角人事物要記，「一個事件有很多特色、特點，從敘述推事件，找關鍵」。

林大幃說，準備考試，要練習出「FU」（感覺）來，「常做題目，就能掌握解題技巧」。

爸媽怎麼教
地圖迷
地理知識大賽全國第四

　　林大幃的興趣「異於常人」，他從小就獨鍾地圖，勝過繪本、童話書，「翻不膩耶，地圖有線又有字，又是彩色的，很好看」。房間書櫃好幾本地圖冊，其中四本台灣北中南東區地圖翻得破破爛爛，甚至沒封面、掉頁。

　　林大幃因為對地圖癡迷，國二拿下國家地理知識大競賽的全國第九名，國三拿下第四名，「好可惜沒進前三名」。他說，看地圖可以了解時代背景，他有一本民國七十年的地圖，當時中國大陸標示「中華民國地圖」。

　　林大幃的父親林國瑞經營牙醫診所，母親何中瑜是家庭主婦，「媽媽也是武陵高中校友」。他說，爸爸英語強，母親擅長數學，剛升國一的妹妹會向他請教數學、英文。

　　何中瑜說，林大幃小時候愛看公路地圖，曾看著旅遊地圖說要去烏來，「我們說不會走，他教我們怎麼走」，還發現地圖錯置地名，「他說地圖把林口印在桃園縣、龜山印在台北縣，印錯了，那時他才國小，沒去過那些地方」。

　　「我家的書汗牛充棟，到處都看得到，」他說，父母、同住的外公都喜歡看書，他國中讀完金庸多部小說，是外公給他看的。何中瑜說，反而女兒是因為看電影哈利波特，回頭讀小說，才開始愛看小說。

何中瑜說，林大幃小時候她買了很多故事書、玩具立體書，「我翻圖給他看，讓他看出興趣也養成習慣，他三歲就看很多書」，林大幃的優勢是記性好，「他看的書很雜、很廣，東抓一點、西抓一點」。

　　林大幃說，因為家裡書太多，每人房間一堆書，「現在只借書，不買書」，他認為看課外書對學業有幫助，「每天抽10分鐘、20分鐘看課外書就好，加深記憶」，例如看化學書籍查科學家如何研究公式。

　　林大幃的偶像是父親，「我想跟他一樣保持赤子之心」，父親晚上9時、10時才下班，每晚都會找他聊天，「我們聊棒球、學校的事」，而且父親很喜歡找他打電動，「他還要我們一起湊消費券買Wii」。

林大幃（左）最得意的獎狀是參加國家地理知識大競賽，曾獲全國第九名、第四名，母親何中瑜（右）也驚訝他的特殊興趣。

張家硯

下苦工，
天天練數學20題

曾增勳／採訪、攝影

桃園縣立慈文國中畢業的張家硯，
國中基測拿到 5 科滿分、作文 5 級分，
以第一志願進入國立武陵高中數理資優班，
他用自己的方法讀書、做筆記，
上課認真聽、做筆記，每天都把問題弄懂、弄通。
他還有什麼絕招？我們來一窺究竟。

小檔案

畢業學校	桃園縣慈文國中
錄取學校	武陵高中
喜歡學科	數學
興趣	圍棋、撲克牌、金庸小說
喜歡運動	足球
偶像	王建民

張家硯喜歡在他父親的書房，看書、做功課或是看金庸小說課外讀物，養成愛看書習慣。

桃園縣立慈文國中畢業的張家硯，進入國中後功課才突飛猛進，他用自己的方法讀書、做筆記，以 5 科滿分、作文 5 級分的基測成績，進入國立武陵高中數理資優班，「上課認真聽、做筆記，每天都把問題弄懂、弄通」，最好還能超前學習進度。

老師啟發　功課大躍進

張家硯家住桃園市，小時候不大喜歡講話，但是看到喜歡的玩具卻可以看上一、二個小時，在父母印象中「小學成績只維持在中上」。上國中資優班後，在同學競爭刺激下，又遇到數學老師張振家的啟發，讓他對數學產生興趣，成績也一直名列前茅。

他小五起學圍棋，就一直喜歡下圍棋，拿到圍棋一段，國中時期喜歡打球、運動，喜歡看課外書籍，金庸小說中，他最喜歡看神鵰俠侶，是老師眼中會與同學玩在一起、又會讀書的學生。

超前學習　不懂問到懂

張家硯上過作文補習班，國中以後沒有補習，基測如何考滿分？他說，他的數學受張振家老師啟發後，愈學愈好，上課一定認真聽，勤做筆記，每天基本固定會做20題數學題，空檔時，自己會找課外題材或設法解老師給的題目，國中數學編得太簡單，他經常超前學習課程，不懂問老師，一定把問題弄懂。

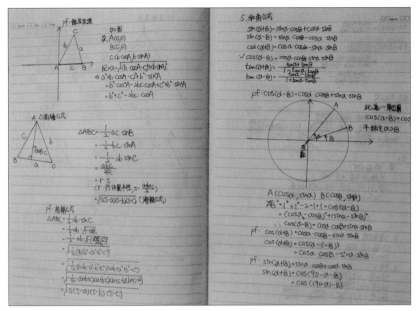

張家硯喜歡數學，從國中至高中的數學筆記，用自己方式做得工整方便複習。

　　他從國中起，不論是英文、國文，還是理化，都是上課認真聽老師講課、做筆記，回家後立即複習。

　　英文雖不是很有興趣，但他訂閱空中英語雜誌來看，國中英文簡單，只要反覆練習，把課本讀熟。

◯理化　掌握觀念很重要

　　國文課，他常讀文言文和古詩、唐詩，也看古文觀止，熟悉文言文，尤其看文言文時，不會先看翻譯，通常先翻譯後對照。理化因要配合做實驗，常用的化學元素反應方程式就背起來，理化了解觀念比解題重要，解題不要先看解答。

社會科靠背誦，只要上課認真、做筆記和用心。讀地理課時，可以把該國家地理與歷史、公民課程一起融入，會比較簡單，多做幾遍就會熟悉了。

⭕ 考基測　要注意大方向

他說，各科目平常可以多注意一些細節，但是基測的題數有限，考基測就不要過度注意一些課本細節，要多注意大方向，只要平時打好基礎，就可以「迎戰」基測了。

張家硯認為，讀書熬夜隔天會很疲勞，他不熬夜，每晚讀書不會超過11時，碰到考試一樣不熬夜，因為規律生活，上課精神才會集中，效率也會比較高，只要上課聽的仔細，加上自己做筆記，回家複習也會較快，準備考試就會比較容易。

爸媽怎麼教

愛下圍棋
邏輯推理強

張家硯國中基測成績優異，與他父親張傑明、母親黃淑美從小就很注意他的成長、學習過程有關。張傑明鼓勵兒子做事一定要有計畫，「今天要做的事，不要等到明天」，黃淑美買很多課外書籍培養兒子閱讀興趣，夫妻重視學業、學習的教育觀念，對張家硯的學習、表現影響最大。

張家硯（中）的父親張傑明（右）、母親黃淑美（左）從小重視
張家硯的課業學習和培養閱讀、思考。

張家硯與父母、就讀國一的妹妹一起住在桃園市，父親張
傑明在南亞塑膠公司任職、母親黃淑美在同安國小任教，一家
人感情很好。

張傑明說，家硯小學功課中上，卻很喜歡圍棋，學圍棋
對孩子的思考有幫助，他就讓家硯去學圍棋，一直到上國中，
家硯碰到好老師，對數學產生興趣，也常參加校外競賽拿到名
次，只是他覺得兒子花在課本時間約三成。

通常孩子在學校的學習效果如何，從分數可以看出，他會在意兒子的成績，但如果考試考不好，他不會去責備，家硯是思考型的孩子，他只會告訴兒子他的想法，讓兒子自己去思考。

　　黃淑美說，家硯父親工作忙碌，平時都是她督促功課居多，她在家硯還不會走路時，就買很多書籍讓兒子翻書，並從小陪著家硯閱讀培養閱讀興趣，有一次在百貨公司碰到益智遊戲，家硯竟一口氣玩到最後一關，讓她發現孩子的邏輯推理厲害。

　　她從事老師工作，知道人生不可能永遠第一名，孩子讀書也是一樣，她丈夫會在意成績，她則認為培養讀書興趣很重要，盯功課之外，她知道家硯輯推理觀念好，她從兒子小五、小六就買數學書籍教導啟發他，後來覺得對孩子的學習很有用。

　　張傑明希望兒子運動、讀書並重，鼓勵兒子做事要有計畫，並超前進度，黃淑美重視訓練兒子的獨立性和多思考，他們對兒子的期望很高，但鼓勵孩子朝自己的興趣發展，充實學習最重要。

第二部
如何拚進大學

劉安婷

錄取台、美高等學府
從小養成高度專注力

喻文玟／採訪、攝影

台中女中2008年應屆畢業生劉安婷，

在大學學測考了70級分，其中英文、社會考了滿級分。

她申請入學獲得台大外文系、政治系錄取；

同時申請美國九所大學，選擇就讀普林斯頓大學。

她有什麼讀書訣竅？我們一起來了解。

【 小檔案 】

畢業學校	台中女中語文資優班
申請入學錄取	台大外文系、 台大政治系國際關係組
興趣嗜好	閱讀、游泳、 在教會協助牧師口譯聖經
申請美國大學	哥倫比亞大學、布朗大學、哈佛 大學、普林斯頓大學等九校， 決定就讀普林斯頓大學

一頭烏黑長髮，露出貝齒的甜美笑容，是劉安婷給人的美好第一印象。

一頭烏黑長髮，微笑時露出貝齒，是台中女中語文資優班應屆畢業生劉安婷給人的第一印象。

劉安婷的大學學測考了70級分，申請入學獲得台大外文、政治兩科系錄取；她同時申請美國九所大學也都被錄取，台中女中表示，「她是2008年應屆畢業最優秀的學生」。

同時準備學測、托福　皆錄取高等學府

七月盛夏的上午，皮膚曬出健康色的劉安婷說：「八月中要赴美念書，先去澎湖、墾丁玩了一趟。」綠色的上衣更襯托出她開朗的性格。走進劉安婷的房間，近三尺長的書桌，書架上以英文書居多，活頁筆記本各科分門別類。

讓人吃驚的是，她在牆上貼滿了近百張的生活照片。「這麼多照片，讀書不會分心嗎？」劉安婷笑說：「我讀書累了，習慣抬起頭看看照片，回憶開心的往事，那是我衝刺的動力！」

高三這一年，劉安婷一邊準備大學學測，又參加ＳＡＴ美國的大學入學測驗，彷彿蠟燭兩頭燒，她學測成績70級分，英文、社會考了滿分15級分，不算突出。但是她的托福新制測驗成績令人刮目相看，滿分120分，她考了114分。

口譯聖經　進步神速

英文是劉安婷最有興趣的科目。除了小學參加美語班幾個月，國中、高中三年她都沒有補習，十多年來都靠閱讀英文雜

誌、小說累積實力，她認為自己進步最大的關鍵，就是每週協助台中旌旗教會的牧師口譯聖經，「單字認識多了、口語表達也會進步」。

「不要討厭它，英文課本制式化的教學，常常會讓學生感到厭惡、灰心，讀好英文必須要打從心底喜歡，至少不討厭，才可能將它讀好」。

劉安婷說，閱讀「寓教於樂」的英文八卦雜誌、小說，能幫助累積英文語感；她背單字時擅長用「圖像法」，畫出諧音的圖畫以幫助記憶。

劉安婷的國文課本會讓人聯想到在頁緣畫上漫畫小人物，快速翻閱，好像會有動畫的效果。她習慣將生字和罕見字詞，用紅筆寫在課本的頁緣。她認為，國文和英文的學習方法類似，唯有扎實的背誦，才能應用。

●自製年表地圖　熟記時空脈絡

劉安婷的歷史課本像新書，但筆記本有近十本之多，按照中、外歷史分門別類。劉安婷有感而發地說：「歷史課本編得像記敘文，但學歷史要有時間感。」

她上課時一定專心聽講，「像聽老師說故事一樣」，回家自己重新做筆記、畫年表。「但是寫筆記並不是抄書，寫完就不管了」，自己要回想時間、空間脈絡，自己寫整理過的不會忘，才算數。

「我的歷史筆記以課本章節為經、事件為緯」，將課本敘

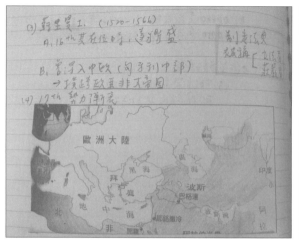

劉安婷的歷史筆記。　　　　　　　　　　　　　　　　劉安婷的英文圖畫。

述文改為條列式的筆記，劉安婷會剪下課本的地圖、圖畫貼在
筆記本上。

　　地理科的學習方法和歷史相差不遠，「歷史要有時間感，
地理需要空間感」，地理科的筆記滿滿都是地圖，她從國中開
始，就習慣會在老師上完課後畫一份屬於自己的地圖，有時甚
至不只畫一份，「例如非洲地圖，就畫了地形圖、種族分配
圖、氣候圖等Ｎ份」。

就畫了:

's Mall

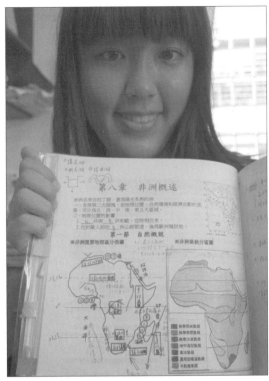

劉安婷的專屬地圖。

●釐清觀念　大量演算

　　讀語文資優班,對數學科劉安婷也下了苦功,尤其是參加美國大學入學測驗,也很重視數學科。她認為學好數學的秘訣是「觀念先釐清再寫題目」。

劉安婷說，若是觀念不清楚，題型一變化就會沒轍了，大型測驗的考試很重視觀念，釐清觀念再找「類題」大量演算，「一定要養成每天把上課的類題算完的習慣」。

　　想起學測數學科只考12級分，劉安婷有點懊惱，「高三上學期為了專心準備美國大學的測驗，暫停每天演算類題的習慣」，不過她也鼓勵有意要參加ＳＡＴ測驗的考生，不用怕數學用英文測驗，因為考試會附上公式，只要熟記關鍵用詞單字，考題比台灣的測驗簡單。

●作息自己調配　絕不熬整夜

　　每個滿分考生，幾乎都強調「不熬夜」。劉安婷生活起居習慣「自由自在」，她入睡時間偏晚，但絕對不熬一整夜。

　　不補習的劉安婷，下課後充分運用自己的時間，放學後並未馬上Ｋ書，全家一起吃晚餐、看新聞，八點左右才開始念書到午夜。

　　她習慣關起房門讀書，中間會安排三、四個休息時間，「最期待媽媽送點心」，她也會彈彈吉他、練鋼琴自娛。她說：「關上房門表示我要念書了。」劉媽媽則說，有時送點心給女兒，看到她不小心睡著，絕不會叫女兒起床，尊重女兒的作息。

　　劉安婷習慣「數位學習」，她擅長利用電腦製作表格、做筆記，「打字的過程，能強化記憶」，也會瀏覽美國社交網站Facebook訓練英文能力。

培養孩子專注力
切勿任意從中打斷

　　劉安婷的媽媽林宜蓉擁有一雙巧手，家裡布置得簡潔溫馨，客廳旁規劃了一個「下午茶專區」，是全家人談心的空間。

　　「安婷為什麼這麼聰明？」劉媽媽笑著說，這個問題從女兒讀國中起她回答了近百次，她的標準答案是：「女兒不是聰明，而是專注力夠。」在一旁聽媽媽這麼說，劉安婷補充，「還有信任感」，她讀書有關門的習慣，爸媽非常信任女兒關上房門不會做壞事。

　　劉媽媽在小學任教，她說，孩子的專注力不是等入學後才培養，學齡前是孩子學習態度養成的關鍵期，這是家長的責任，不能推託。

　　她舉了一個她印象最深刻的回憶，劉安婷兩、三歲時，某一天晚餐前看見大人在廚房裡剝蒜頭，「安婷看著，有樣學樣，拿起蒜頭跟著剝，整整一大籃，她剝上癮，剝完才吃飯」，劉媽媽特別強調，「我們沒有打斷她的興趣，強制帶女兒離開現場，或發號施令要她吃飯！」

　　劉媽媽說，多數父母都以「大人的眼光、大人的時間感」教孩子，學齡前的孩子如果投入在自己的世界做一件事，例

如：玩遊戲、拼圖、閱讀……，情非得已，否則不要輕易打斷孩子的專注力，讓孩子自己告一段落完成目標，上學後，就會自動自發設定目標，不需要父母操心。

爸爸劉宜中非常贊同媽媽的看法。他說，兒子劉安宇跟姊姊差五歲，出生時夫妻工作忙碌，從小請保母照顧，姊弟相較之下，弟弟較沒安全感，容易分心，上學後慢慢建立弟弟的安全感，花了不少心思。

劉家的藏書不多，主要是安婷幼時常常搬家。劉爸爸說，夫婦倆都去圖書館借書，每次提一大籃回家，安婷兩歲認字能力就不錯，看完書總是興致勃勃說故事和大家分享，劉爸爸會和女兒比賽背詩、說故事，並常常「假裝背錯」讓女兒糾正。

上學後的教育方法，劉家父母秉持「大考大玩、小考小玩」的理念，劉媽媽認為，這句話不是放縱孩子，而是訓練孩子為自己的決定負責。

劉媽媽的同事都從事教職，她常聽彼此教育子女的方式不外：不能關門讀書、晚餐後全家聚在書房一起讀書等。

劉媽媽認為，「每個孩子都有為自己作主的權利，打瞌睡又何妨？」採用「監視」的方法督促孩子讀書，會讓孩子沒自信，也會折損親子之間的信任感。

劉安婷善於利用電腦製作表格、筆記，也會瀏覽美國社交網站
Facebook增強英文能力。

不干涉兒女讀書方式
讓孩子自由探索興趣

　　劉安婷的家在台中市經國園道旁的巷弄，四樓歐式建築的
透天厝，幽雅靜謐，「九年前，它還是日式平房，媽媽從小在
這兒長大」，翻新改建變成透天厝。

爸爸劉宜中是台中林業生基金會創辦人，他設立了「創路學園」，專門輔導中輟生復學。劉家一樓是爸爸的辦公室，二樓是外婆家，上了三樓才算「正式走進」劉家大門。

劉媽媽林宜蓉是台中教育大學附設實驗小學的音樂老師，家裡陳設充滿濃濃的歐風，劉媽媽一手包辦室內設計，她重視親子關係，三樓是全家的活動空間。

劉家重視家庭氣氛處處可見，劉爸爸說：「從小學開始就由爸爸準備早餐，三明治、煎蛋、水果等；媽媽準備晚餐。」飲食習慣就讓孩子感受「雙親」的愛。劉安婷從小受父親影響，立志要回饋社會，她最大的夢想是進入聯合國工作，幫台灣爭取國際權益，因此才赴美就學。順利上榜後她閒不住，找出自己的國中筆記本，輔導「創路學園」的中輟生參加基測。

劉爸爸退伍後才考進台大法律系，談吐溫文儒雅的他，回憶年少求學歷程是一種填鴨式教育，因此從不干涉兒女的求學方式、不教兒女讀書技巧，讓孩子自己探索興趣。

劉媽媽笑說：「安婷是宅女。」聽媽媽這麼說，劉安婷回應：「家是我的力量來源。」她並非足不出戶，「在家裡很自在」，射手座的她不喜歡受拘束，因此不補習。

為了準備美國大學入學測驗，劉安婷高三下學期請了一百四十節的假，「快半個月沒上學」，劉媽媽全力支持女兒，「她請假又不是做壞事」。

劉爸爸也說：「孩子的想法聽在大人耳裡，有時太天真，分析利弊後若兒女仍堅持自己的看法，就讓他們為自己的決定負責。」

【 書房檔案 】

讀書訣竅

國文	◆ 基礎知識、注釋扎實背誦 ◆ 課本以乾淨、好閱讀為主,太花考前反而抓不到重點 ◆ 習慣將生難字詞用紅筆「特寫」在課本的頁緣,以便考前翻閱
英文	◆ 閱讀「寓教於樂」的八卦英文雜誌、小說等,每天輕鬆寫一篇英文小記,累積英文語感
數學	◆ 先釐清觀念再寫題目,不要盲目寫參考書 ◆ 養成每天把當天上課的類題算完的習慣
歷史	◆ 自己做筆記、年表,以課本章節為經事件為緯,將課本敘述改為條列式的筆記 ◆ 影印或剪貼課本地圖
地理	◆ 理論地理:沒有捷徑,背誦是不二法則 ◆ 區域地理:上完課畫一份屬於自己的地圖

怎樣培養

生活作息	尊重孩子的生理時間,準備「晚茶」點心
休閒活動	上教會、打網球、慢跑、騎單車
居家環境	重視學齡前教育,孩子專注做一件事,不要輕易打斷他們的思緒;兩、三歲開始大量借閱圖畫書,讓孩子認字
讀書習慣	鼓勵女兒不藏私,在教導同學的過程,有助於了解自己是否學得透徹

劉峻碩
化學得滿分，
答題有技巧

謝梅芬／採訪、攝影

高雄中學2008年應屆畢業生劉峻碩考上台大醫學系，
他的大學指考總分533.14（三類組），
其中化學、數學甲拿到滿分。化學全國只有兩人滿分。
他認為，答題的竅門就是多練習、多做題目，
他還有什麼讀書高招？我們一起來了解。

[小檔案]

畢業學校	高雄中學
錄取學校	台大醫學系
最愛學科	數學、化學及物理
興趣嗜好	棒球、閱讀

2008年大學指考，化學全國考滿分的只有兩人，劉峻碩就是其中之一。

「拿到成績單，看到化學100分，自己都嚇一跳。」高雄中學2008年應屆畢業生劉峻碩考上台大醫學系，他的大學指考化學拿到滿分，化學全國考滿分的只有兩人，都在高雄中學，劉峻碩就是其中之一。

　　劉峻碩說，他比較拿手的是物理。原本還以為物理會滿分，沒想到竟是化學。

直攻指考　上台大醫學系

　　他學測時考72級分，覺得分數「上不上，下不下」，乾脆放棄申請，直攻指考，雖然得再花半年時間讀書，但是考上台大醫學系，他覺得很值得。

　　劉峻碩是家中老大，小時候和媽媽一起移民澳洲，但不放棄在台灣的學業，「小學時我是兩國跑」，照樣念台灣小學，但有時候就得請長假到澳洲住一陣子，和媽媽當「空中飛人」。直到五年級取得澳洲移民許可，才定下心在台灣念書。

　　劉峻碩的書房兼臥室是L型的規劃，他有兩個書桌，「有一區是電腦區，我都在這裡打電腦，另一桌才是真正念書的地方」。

　　在書桌的一旁是他的書架，除了課本外，有各科補充教材，「我的書桌都是自己整理」。

難解的題　最後再答

　　「化學考滿分，許多人都問我竅門何在？」「其實就是多練習。」他笑著說，多做題目，可以從不同題型中，找到更多的解題方法。

「答題也有技巧，我的習慣是萬一看到不會的或很難的題目就跳過去。」劉峻碩說，今年化學就有一題非常難，很多人都被這一題害慘了，他也是第一次看到發現不好解，「卡」了很久後，決定先放棄，做後面的題目，等到全部寫完了，再來全心對付這題。

　　至於物理呢？他說，把觀念搞懂，就大量做題目，觀念弄懂最重要。

○ 弱的科目　多花時間

　　念書也要懂得分配時間，劉峻碩說，在準備大學指考時，他知道自己的國文、英文及生物較弱，規劃讀書計畫時，會把「大塊」時間及精神狀態最好的時候專攻最弱的三科，以便集中精神，而每天上午是他精神最好的時候。

　　至於數學、化學及物理都是他最愛的學科，即使是零碎的一小時或半小時，他都可以隨時進入狀況做題目，不會受外界干擾。

○ 武俠小說　精神食糧

　　在劉峻碩的書房內，有一套套的百科全書及武俠小說，那是他的「精神食糧」，也是他紓解壓力的良方。

　　「我喜歡找百科全書內的知識。」劉峻碩說，每當遇到難解的問題時，他都會找百科全書解答疑惑，他認為百科全書是家中必備的「良方」，所有疑難雜症都可以在百科全書裡找到答案。

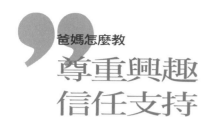

尊重興趣
信任支持

「真的很感謝爸媽對我的信任與支持，」劉峻碩說，小學起就是職棒統一獅的球迷，當統一獅在台南與La New纏鬥時，即使是在補習，他也照樣戴著耳機聽賽事，媽媽其實是知道的，但也不會禁止，總是順著他的意思。

「我們沒有要求很高，都尊重孩子的想法。」劉峻碩的爸爸劉榮煌從事通訊業，他說兒子原本對電機很感興趣，想要念電機系，但他認為電子產業瞬息萬變，建議峻碩當醫師比較單純。

劉峻碩原本聽不進去爸爸的話，直到高二時手受傷，醫師判定是骨折，打了一星期的石膏，生活很不方便，決定另找一家醫院複診，結果根本沒有骨折，害他平白打了一個星期的石膏，手臂都僵硬了，還得再接受一個月的復健。

經歷了這次經驗，他才決定要念醫學系，「我要當一名仁心仁術的醫師。」他也不負父母期望，如願進入台大醫學系。

劉峻碩堅持不熬夜，每天晚上11時30分就上床睡覺，有時候書念累了，就趴在書桌上小憩，但是雙胞胎妹妹都會向媽媽打小報告，說：「哥哥又在睡覺了。」劉媽媽也沒有勉強他，倒是因為劉峻碩睡覺時怕光又怕吵，全家都跟著他的作息，晚上12時前一定就寢。

和兩個妹妹拿著加油棒高喊口號，是劉峻碩最好的紓壓方式。

　　劉峻碩一直是棒球迷，他細心地保存球賽票根、加油棒，還有寫著「必勝」的扇子，雙胞胎妹妹有時到他的書房，他還會教兩個妹妹拿著加油棒喊口號，這是他最好的紓壓方式。

簡晉佑

睡飽才讀書，
數理雙滿分

謝梅芬／採訪、攝影

高雄中學2008年應屆畢業生簡晉佑考上台大電機系，
大學指考物理及數學甲拿到滿分100分。
簡晉佑拿高分的不二法門是上課專心，愛讀文學的他，
把閱讀科學叢書、文學作品，當成「提神劑」。
我們一起來了解他的讀書秘訣。

[小檔案]

畢業學校	高雄中學
錄取學校	台灣大學電機系
家庭背景	父親是中鋼員工，母親是高雄市警局員工，家中長子，有一個妹妹
興趣嗜好	閱讀、打橋牌、羽球

簡晉佑課餘時間喜歡組裝玩具。

高雄中學的應屆畢業生簡晉佑，在大學指考第二類組分數高達444.6分，如果加上生物分數，總分達529.17分，要讀台大醫學系沒問題，但是很有想法的他，堅持選填台大電機系，決定朝自己有興趣的方向走。

走進簡晉佑的書房兼臥室，如果仔細看，不難看出，他是一個喜歡組裝「玩具」的大男孩。

愛組裝　選讀電機

「這是我國二時，和阿姨到台北101，看到有人在賣101的大樓組裝玩具，就要求阿姨買一組給我。」簡晉佑說，返家後，他花二十分鐘就完成，至今雖然已有四、五年，他卻依然放在書櫃上，可見對組裝模型的喜愛。

除此之外，在書桌上還隨意放著他在便利超商蒐集的各式組裝玩具，媽媽董美蓉說：「他啊，就是愛玩組裝玩具，難怪不選醫學系，從小就決定要念電機系。」

簡晉佑在高一時就「出國比賽」，參加在印尼舉辦的第二屆國際青少年學生科學奧林匹亞競賽，當年台灣代表隊以五金一銀的佳績，拿下三十六國參賽隊伍的第一名，簡晉佑還同時獲得實驗獎。

多次到台北接受奧林匹亞競賽的訓練，簡晉佑雖然常請假受訓，但是回到學校後，一定用心學習，努力趕上學校各科的教學進度。

比較各版參考書　挑選適合自己程度

　　要拿高分，簡晉佑的不二法門是上課專心，指考前他每天一早就到學校念書，晚上九點才回家，回家之後充分休息不碰書本，「晚上要睡得飽飽的，這樣白天才不會累到趴，念書效果反而會大打折扣。」

　　讀書講究效率的他，如遇到下午比較疲憊，無法集中心思時，他也不會刻意把自己「關」在圖書館或自修室，「乾脆先到操場打羽球或排球」，把瞌睡蟲「打」跑了，再念書就更有「效率」了。

　　談到讀書方法，簡晉佑說，他在選擇參考書前，會到各書局先比較，選擇一本最適合自己的參考書，做為學校課本的補充教材，看到重點時，都會做筆記。尤其是不會做的題目，一定會先詳看解答後，再用螢光筆畫下重點。

讀英文雜誌報紙　數學多演算題目

　　至於英文，「多看，多讀」就對了，簡晉佑說，他規定自己要看英文雜誌，有時候也會背單字，但背單字真的太枯燥了，還不如看英文雜誌；也讀英文報紙，有趣之外，也能夠記住詞句的用法。

　　數學科的讀書方法，他說要多練習，如果看到不會寫的，或者是「卡」很久的，他就不再「留戀」，同一個題目，如果「卡」很久都解不出來，不如就先換另一題，等到全部都做好了之後，再回頭「盯」住，慢慢地以不同方法找解答。萬一

無法解答，他一定會詳看參考書後方的「解題」的方法，仔細「搞懂」，避免再犯相同的錯誤。

除了學科之外，一般的科學叢書和文學作品，就是他念書疲累時的最佳「提神劑」，他習慣把這些書放在書桌底下，念書累了，他就坐在床上，隨手拿起這些叢書，就在床上看了起來，這是閱讀課本之外，最佳的「調劑」。

爸媽怎麼教

父子超麻吉
一起做數學看牛頓

「他始終知道自己想要什麼，也知道自己的興趣。」簡晉佑的父親簡仁斌是中鋼的員工，八月八日，當簡父知道簡晉佑可能是第二類組最高分，他十分興奮，直說是：「父親節最好的禮物，也是給我爸爸、他爺爺最好的禮物。」

簡晉佑父子亦師亦友，簡仁斌在送孩子補習或上學途中，都會和兒子一起唱歌，兩人宛如是「麻吉」的好朋友。國小五、六年級，簡仁斌陪著簡晉佑上數學課，兒子坐前面，他坐在後面，返家後，兩人一起做數學功課。簡晉佑從小牛頓雜誌，一直到牛頓雜誌，到科學月刊，也都和父親一起看。

聯合報每週三的「新聞中的科學」是他必看的專題，甚至出書，他就買整套的，就放在書桌最底層，每天上床睡覺前，

簡晉佑的組裝玩具和參考用書。

他一定要翻一翻,那是最享受的一刻。

　　媽媽董美蓉喜歡看文學作品,影響簡晉佑。他喜歡余秋雨的文學作品,「尤其是結合地理的文學作品。」簡晉佑說,他最愛三峽記,三百幅兩岸長江三峽攝影佳作、插畫等,輔以史料珍貴圖像編撰而成,看到氣勢磅礴的山川之美,「很感動」。

　　簡仁斌說,簡晉佑喜歡看套書,只要他提出來,一定會買,而且不只兒子看,他也會跟著看,「如此才能和兒子同步成長,享受共同討論的樂趣」。

　　簡家有一間共同的書房,和室的地板,適合全家人一起看書,簡晉佑就常和爸爸、念高雄女中的妹妹一起討論功課。他喜歡和全家人「窩」在大家共同書房看書,宛如置身在書海中,感覺真好。

映伊 泱伊
泡在圖書館、實驗室，掌握時間拚台大

徐如宜／採訪　董俊志／攝影

從高雄女中畢業的雙胞胎姊妹花陳映伊、陳泱伊，

以指考519及516分同時考上台大醫學系。

陳映伊學測是滿級分75級分、泱伊是72分，

其中英文、數學、自然滿級分。

她們善用時間，積極學習，各科表現都能有好成績。

［ 小檔案 ］

映伊		泱伊
75級分（國、英、數、社、自滿級分）	學測級數	72級分（英、數、自滿級分）
519分	指考分數	516分
化學	最喜歡的科目	物理
粉紅	最喜歡的顏色	粉紅
看電影、看小說	最喜歡的休閒	聽音樂

考上台大醫學系的高雄女中雙胞胎姊姊陳映伊（左）、妹妹陳泱伊，天天都相約到學校圖書館一起看書。

高雄女中雙胞胎姊妹花陳映伊、陳泱伊，2008年分別以指考519、516分，同時考上台大醫學系。姊妹說，家裡只是休息睡覺的地方，待最長時間的學校圖書館與實驗室，才是讓她們學業精進的「超大書房」！

　　三年前，映伊和泱伊以基測289、287分，考上雄女；稱得上是雄女的「傳奇雙胞胎」，不單是學業成績，在國際科展、儀隊也有優異表現。今年學測，映伊考了75滿級分；泱伊則是72級分，英文、數學與自然科，也是滿級分。映伊在參加台大醫學系推甄時失利，她們商量後決定一起拚大學指考，果然衝上台大醫學系。

○ 包車上學　爭取時間

　　家住鳳山，她們剛開始搭客運上下學，班次少、加上時間長，後來改成同校學生「拼車」，湊四個人一起包計程車。每天早上六點起床，四十五分出門，一上計程車，就把書攤在膝上開始溫習，接著上車的學妹，也有樣學樣，低頭猛K書。

　　「沒辦法，時間不夠，要有效運用每一分鐘。」姊妹說，時間管理非常重要，早上到學校早自習，接著上八堂課，沒有補習的日子，都待在學校念到晚上，回到家已是深夜。「待在學校圖書館和化學實驗室的時間，比在家讀書的時間多得多。」將圖書館和實驗室當成自家書房，夠大了吧！

　　雙胞胎對一般事都大而化之，只有對時間錙銖必較。連等車的時候，只要燈光夠亮，也自然而然拿起書本。

化學實驗室是映伊與泱伊訓練耐心與毅力的地方。

◯聊天內容　討論課業

　　如果外在環境不適合看書，或是過馬路時，兩人就開始討論，內容可能是昨天物理想不通的一個環節、某個化學題更好的解題方式，或是擱在心中很久的問題等。有時同學好奇的從旁聽聽雙胞胎平常到底在聊啥咪？聽了內容後差點兒沒昏倒，不可置信地問：妳們連聊天都離不開課業啊？「積極的態度，是成功學習的關鍵。」映伊說。

「她們是雙胞胎，可不是連體嬰。」好朋友陳羿云觀察說，映伊和泱伊有各自的朋友、各自的社交圈，是獨立的個體；而且也不是死讀書型，喜歡運動，其他各方面也很優。「最重要的是，修養好，ＥＱ高。」

映伊早一分鐘呱呱墜地，姊妹的相處沒有長幼尊從，更像是一對焦不離孟的「朋友」。而一分鐘的差距，只是名字中的「映」比「泱」，多了一筆畫。

彼此陪伴　當好朋友

雙胞胎從小跟鳳山的外公、外婆長大，母親在她們國二時病逝；由於有彼此的陪伴，兩人從不覺得孤單寂寞。「其實我們也和一般的家庭沒兩樣啦。」映伊和泱伊格外保護家人，有關家庭的問題幾乎都是禁區。

同卵雙胞胎的基因，兩人就像一個模子印出來，外人硬要分別，只能以泱伊右臉頰一顆比青春痘還小的痣勉強認出來。想燙個頭髮改變造型，上美髮中心還刻意找不一樣的設計師，一個在二樓燙、一個到三樓做，「結果燙好一看，又是一模一樣！只能說是專業設計師所見略同。」同學常以一句話來形容她們相似的程度：請問，照鏡子的感覺如何？

映伊和泱伊畢業於鳳西國中資優班，每天早上騎半個小時腳踏車上學，「因為書包太重了，騎著騎著就掉了。」兩個常常在路上一前、一後撿書包，還有人露出疑惑的眼光：啊！妳剛剛不是撿過了嗎？

映伊和泱伊已準備好行囊，信心滿滿地迎接充滿挑戰的大學生活。只是這次，她們不再分享一張雙人床，宿舍也是隔了兩間寢室；請樓友們不要覺得奇怪，這個人怎麼一天洗兩次澡、還常常跑廁所？

不當書呆子
儀隊、科展不缺席

陳映伊、陳泱伊都是高雄女中儀隊成員，她們日前回到母校，看著儀隊社團學妹忙著「跑班」，招募新血，想著自己三年前也是這麼「栽」進來的。

「我們覺得，高中除了讀書，還要留下一些美好的回憶。」英挺的儀隊是一種憧憬，國際科展象徵著榮譽。雖然雄女的課業不輕，她們還是努力「擠」出時間，參加儀隊訓練和實驗。

映伊和泱伊說，別看儀隊操演時光鮮亮麗，團練時，在大太陽下一站三個小時是常有的事；身上東一塊瘀紫、西一塊黑青，不是被自己的槍打到、就是被別人的槍敲到。一個漂亮的踢腿邁步，就是幾千次的練習結果；拋槍動作在她們眼中，弧度、力道、重量，可以當成物理題來解。

雙胞胎在高二時，利用簡易的電子元件，包括IC電路板、

數位三用電瓶、電阻膜等，組裝了一個準確的氣壓量測器；除了測量乙醇、氯仿、丙酮等純液體的蒸氣壓外，還測量了愛河水質的生化需氧量。這項主題為「自製簡易 IC 電路板來討論拉午耳及亨利定律」，獲得2007國內科展高中組化學科第一名，姊妹還代表台灣到美國參加國際科展。

指導老師蘇政宏說，映伊和泱伊是「主動」要求想參與科展，自己擬定並主導研究方向。「她們很耐操！」科展不能影響正常上課，須犧牲假日及午休，待在實驗室中，用有限時間做很多事。

因為默契好，兩人的討論在外人聽來，是已經過簡化的，「大概只有她們互相聽得懂。」蘇政宏說，映伊和泱伊很有思考與組織能力，遇到有不同的意見，就不停地討論，「看最後是誰說服誰！再朝共識前進。」

映伊、泱伊都是高雄女中儀隊成員,課業再忙也要「擠」出時間
參加團練。

李悅寧
一心多用，
專注力不動如山

沈娟娟、莊亞築／採訪　沈娟娟／攝影

2008年大學指考第二、三類組榜首
是台中女中的李悅寧，她順利考進台大醫學系，
這位「女狀元」平常念書的地方竟是餐桌，
她有什麼訣竅？我們一起走進她的「滿分書房」，
一窺她的讀書方法及成長背景。

【 小檔案 】

畢業學校	台中女中
錄取學校	台大醫學系
最喜歡的科目	物理
最喜歡的休閒	品嚐美食
最喜歡的顏色	綠色

李悅寧最喜愛的讀書場地是家裡的廚房兼餐廳， 她坐餐桌旁，一旁是小妹，還可以邊讀書邊聽媽媽炒菜、講話。

「在我家，書桌沒什麼用！」台中女中畢業生李悅寧，平常念書的地方竟是餐桌，這張餐桌也培育出像李悅寧這樣的「女狀元」，她是2008年大學指考第二、三類組榜首，考進台大醫學系，成為台中女中創校以來第一人。

從小專注力強　不受外界干擾

「我只要一念書，就能專心在課本上，甚至做題目時還可以跟家人、朋友聊天，」李悅寧一坐上自家餐桌，攤開書本，就如迦葉尊者捻花一笑，立即頓悟。

「以前全家住在台北，悅寧不到三歲就去幼稚園上課，有一天我提早下班，擔心悅寧在教室裡坐不住，趕去幼稚園要接她回家。明明站在教室門口，悅寧卻只是看了我一下，視線隨即回到老師身上，直到下課才跑出教室。」蘇麗珠說：「悅寧從小就很專心。」

作息正常　運動紓壓

李悅寧住在雲林縣斗六市，父親李振哲是雲林莿桐國小校長，母親蘇麗珠在斗六溪州國小擔任主任，住家環境清幽、舒適，走進李家客廳，看不見電視，取而代之的是數百片CD、音響，全家最好的休閒娛樂，就是一起聽音樂、看書。

李悅寧高三下學期參加國際奧林匹亞化學、物理培訓，在校時間並不多，學校停課後搬回家中準備大考，白天家人上班，她在家照表操課，每天早上七、八時起床後，就在廚房餐桌上念書，直到母親下班，晚飯休息後再念，晚間十時就寢。

▲李悅寧的父親李振哲及其妻子蘇麗珠強　▲李悅寧音樂、美術都是強棒,特別喜愛
調,身教重於言教,也對孩子的學習內涵　畫怪物。
持續關心。

　　她說,有時念得很煩,就在社區慢跑、游泳、快走,考前
讀書計畫訂太多,總覺得自己念不完,有些許慌張、壓力,但
還好作息時間正常,讓她上考場臨危不亂,考出554分。

　　三年前國中基測,李悅寧考了289分,她主動要求跨區就
讀台中女中,負笈台中,李悅寧才感受到讀書壓力。她每晚跟
著室友一起念書,大約念三、四小時就上床睡覺,秉持著放假
就要休息的原則,不補習的她三年來成績都名列前茅。

○閱讀英文雜誌　通過中高級英檢

李悅寧各科成績都很平均，也通過中高級全民英檢。她說，學校老師補充很多資料，她也常閱讀英文雜誌，需要背誦的部分，她總會特別圈起來，多看幾次就能熟記。

長相甜美可愛的李悅寧外表看來比實際年齡還小，她跟媽媽出門，常有人誤會她是國中生，對於大學生活，李悅寧也相當期待，「我要過得更繽紛」。

爸媽怎麼教
以藝術陶養子女
營造溫馨的讀書環境

「如何教出考上榜首的女兒？」從雲林縣華山國小調往莿桐國小擔任校長的李振哲，因為女兒李悅寧在指考中成為第二、三類組的榜首，從此恭賀聲不斷，更多家長向他討教教出「狀元女兒」的秘訣。

李振哲家有三千金，他和妻子為了給孩子一個好的讀書環境，真是煞費苦心，不但客廳不擺電視，改以書櫃和音響代替，就連他們與孩子相約，也約在書店內會面。因為他們夫婦以音樂和美術陶冶子女性情，孩子在耳濡目染中，兼有音樂、

美術的才藝。

「我們夫婦都是教育人員，鼓勵、引導孩子是我們的專業，並稍微用在自己的孩子身上。」李振哲說，他們家小孩做家事、寫功課、書法，彈鋼琴、練小提琴，就可以蓋一個笑臉戳章，十個笑臉可以換十元零用錢。李悅寧馬上接話說：「我們家買房子時，先前存起來的獎勵金都參與投資了。」

李振哲說，李悅寧國小一放學回家並不是馬上讀書，大都用來玩數獨、積木、拼圖，讀童話書，國中以前從不帶課本回家，書包裝的只是礦泉水、環保筷，以及美勞等材料，他與妻子蘇麗珠很少管孩子讀書的問題，「覺得她基本能力都會了，只差有沒有反覆練習，精準度夠不夠」。

李悅寧的長處是「很少粗心犯錯，可以一心多用，一開始讀書就好像是一根釘子被釘住，不受別人影響」，而且她都是利用學校早自習、自習課時讀書，下課時寫功課，回家後則是和「家人聚會時間」。

李振哲從不要求孩子必須花多少時間埋首課業，卻盡力營造出一個輕鬆、溫暖的讀書環境，並扮演領航員的角色。

李悅寧說：「我們家很多事都是在餐廳完成的，媽媽炒菜，我和妹妹就坐在餐桌旁讀書，邊聊邊讀。」就是這種家的氣氛，讓她可以依自己習慣、個性，快樂地讀書、學習，發揮自己的潛力。

陳俊佑

多元興趣，
文武雙全

蔡宗明／採訪　蔡宗明／攝影

台南一中畢業的陳俊佑，
在2008年大學學測拿到滿級分進入台大電機系，
他讀書不偏重任何一科，而是廣泛涉獵各科。
他有什麼讀書秘訣？我們一起走進他的「滿分書房」，
一窺他的讀書方法及成長背景。

【小檔案】

畢業學校	台南一中
錄取學校	台大電機系
讀書秘訣	早睡早起，專心聽課，勤做筆記
興趣嗜好	鋼琴、小提琴、閱讀

陳俊佑琴藝精湛，讀書之餘拉小提琴休閒，客廳兼書房，也是他演奏的場所。

台南一中畢業的陳俊佑，在2008年大學學測拿到滿級分，他國小、國中都讀音樂資優班，高中卻讀數理資優班，以學測滿級分甄選進入台大電機系，父母親形容他有點像「半路出家！」但陳俊佑強調「原本就想學科技，學音樂只是培養多元興趣」。

廣泛閱讀　不偏重任何一科

陳俊佑認為能考滿級分，除了幸運，還與他讀書不偏重任何一科、廣泛涉獵的閱讀習慣有關，「因為數學、物理最拿手，所以讀歷史、地理的時間滿多，愈讀愈有趣味」。

陳俊佑的書房，就在家裡二樓客廳，整面牆壁櫃子就是他的書櫃，書櫃裡擺了他的教科書、參考書，還有最喜歡、而且經常閱讀的古今中外文學、散文及詩集。

對歷史科很有興趣的他，從小就愛看三國演義等古典小說，對劉、關、張的情義與神勇，瑜、亮的明爭暗鬥，如數家珍。

專心聽講　事半功倍

陳俊佑讀書的要領，就是「在課堂上專心聽講，老師教的仔細聽，立即搞懂，事半功倍」。另外，他喜歡思考、挑戰數學、物理較深入的難題，他也會隨時與老師、同學討論，「學會了，立即做筆記，當成一天之中最快樂的事」。

他也強調，上課要專心聽，就要集中精神、不打瞌睡，這得歸功於從國中起就養成早睡早起的習慣，每天放學準時回家，吃飯洗澡後，七點到九點寫作業、復習功課，每晚只讀兩小時，十時準時睡覺，絕不熬夜，隔天早上六點三十分前起床，每天睡足八小時。

當小老師　有成就感

　　陳俊佑在班上還擔任數學、物理小老師，除了下課時間替同學解惑外，有時候晚上十一點多，還有同學打電話來問他問題。「我比較煩惱睡著了被電話吵醒，但不會怪同學，他學會了我也有成就感啊！」

多元興趣　充實生活

　　陳俊佑每天最密切的學習和閱讀空間，就是客廳後半段的書桌、電腦桌，擺設簡單、明亮、整齊，沒有繁雜的書本、參考書或文具。

　　客廳的前半段有電視、跑步機和腳底按摩機，角落上放著兩把小提琴，較特殊的是沙發前的茶几上擺著整套的世界名歌劇、名曲解說全集、孫子兵法，以及老子說、孔子說、孟子說、三國演義等蔡志忠古典小說動畫集DV片。陳俊佑說：「這些都是我和爸媽一起共享的。」

「我想要當科技工程師，研發新的實用科技，也讓自己擁有多元興趣，這種生活才充實。」爸媽也肯定他的想法，並說：「自己過得快樂就好，這是一輩子的事。」

爸媽怎麼教

隨時與導師互動
尊重、配合兒子需求

陳俊佑是獨子，爸爸陳冠志在台南大學當職員，媽媽蔡宗妃是師大音樂系畢業，在家教授樂理、鋼琴、小提琴，他在耳濡目染下，從小學習小提琴、鋼琴，從永福國小音樂資優班畢業後，進入大成國中音樂資優班。

陳爸爸表示，公教人員家庭生活單純，俊佑是獨生子，人口簡單，就專心照顧栽培兒子！

「其實我們也沒什麼特殊教法，重要的是從小學就做好親師連絡，隨時與導師互動，了解兒子在校學習和活動狀況，國中以後讀書，完全尊重他的選擇，配合他的需求，」蔡宗妃說。

陳俊佑表示，雖然他從小就讀音樂班，同學大多想往音樂之路邁進，但他因各科成績都很平均，尤其喜歡數學、自然科，因此國中基測後，決定跳脫音樂體系，考進台南一中數理

世界名歌劇、名曲解說全集和古典小說動畫DV，是陳俊佑和爸媽共同閱讀、
欣賞的書籍和影視。

資優班，對於有興趣的數理科加深、加廣學習，並下定決心未來往科技領域發展。

因擅長小提琴、鋼琴，陳俊佑高一、高二時，都擔任台南一中絃樂團小提琴首席，並在高二時當上音樂欣賞社社長。他經常攜帶小提琴到學校，下課時間同學常起鬨要他演奏小提琴，他都不會讓大家失望。

「俊佑是班上的演奏家，考前課業壓力大，還好有他的美妙絃音，為大家紓壓解悶，」一直和陳俊佑保持課業上的良性競爭，指考全校最高分，考取台大醫學系的要好同學賴勁翰說。

蔡宗妃表示，因為她從事音樂教學，俊佑也從小就學小提琴、鋼琴，目的只是培養他多學一門才藝，後來發現各種小朋友喜歡的運動，他也都想學，就讓他學跆拳、游泳，運動健身，同時也上英文班、美術班，因他自己會安排時間練習，而且從未聽過他喊累。

爸爸發現俊佑在小學就喜歡看金庸的武俠小說，到國中又喜歡讀古典文學，尤其是對屈原的楚辭和唐宋的詩詞最有興趣，經常高聲朗讀。

陳俊佑在小學時很喜歡看讀者文摘的「開懷篇」，家中訂閱讀者文摘至今；他也喜歡看聯合報的民意論壇和時事漫畫，陳家也是聯合報忠實訂戶。

對於寶貝兒子，他們肯定地說：「永遠和兒子站在一起，
永遠支持他！」

蕭孟岳

四技二專電機榜首，喜愛動腦思考

簡慧珍／採訪、攝影

彰化師大附屬高工電機科畢業的蕭孟岳，
在2008年四技二專登記分發數學科拿滿分，
是四技二專登記分發電機類全國榜首。
他的撇步是「上課專心聽，下課釐清觀念和解題技巧」，
他還有什麼絕招？我們來一窺究竟。

[小檔案]

畢業學校	國立彰化師大附屬高工
錄取學校	台灣科技大學電機系
四技二專登記分發測驗分數	專業科目一98分
	專業科目二95分
	國文88分
	英文96分
	數學100分

蕭孟岳國小三年級參加珠心算比賽，得到第三名，這座獎盃保留至今。

靠著「上課專心聽講，下課後想一想老師講的觀念和解題技巧，並且設法弄清楚」，2008年從國立彰化師大附屬高工電機科畢業的蕭孟岳，在該年四技二專登記分發數學科測驗拿到100分滿分，考取台灣科技大學電機系，成為四技二專登記分發電機類全國榜首。

書櫃空蕩　本本精華

數學成績一枝獨秀，電機專業科目也很強，蕭孟岳的參考書卻是寥寥可數，連同保留下來的專業科目教科書，放不滿一公尺寬的一格書架，其餘書架都是空蕩蕩的，令人不敢相信榜首書房的書櫃竟是如此「清爽」。他說：「可別小看十幾本書，這可都是精華。」

平常都讀哪些課外讀物呢？蕭孟岳坦白說，從小就很少看課外讀物，他不太喜歡讀什麼偉人傳記、童話故事、勵志小品。下課回家就寫作業，回想當天老師教的內容，如果怎麼想都不懂，翌日到校問同學或是老師；需要死背的國文、花很多時間念的語文書籍，他興趣缺缺，所以國文成績一直不如數理化三科。

唯一喜歡閱讀的課外書籍是古龍小說，「金庸小說很厚，每一部好多集，一堆時代背景，讀來辛苦」，蕭孟岳偏愛古龍小說，「古龍小說小本、冊數少、內容簡單」，很快讀完有成就感，「才會想繼續讀下去」。

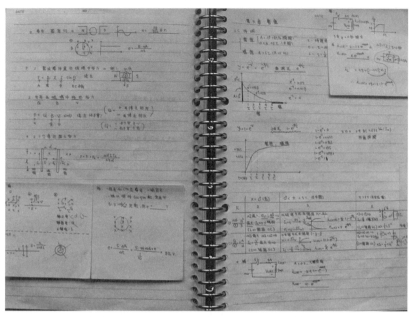

蕭孟岳的專業科目電子學筆記，整理得有條有理。

思考各單元的關聯性

不愛在文章字句上琢磨，蕭孟岳寧願動腦思考數學、基本電學、電子學。

他高二上學期已超前修完電子學，面對同學向他求教，他的建議是「分開念」，無論基本電學或電子學都有不同單元，先弄清楚每個單元的觀念，再思考其中的關聯性，由點而線，最後了解全面。

蕭孟岳自認國文科是他的罩門，沒興趣念，不念又不行，比照數學、基本電學的讀法，先系統化再分開讀。

基本上，國文分成韻文、非韻文兩大類，整理出二者的發展、文體種類，各個朝代有哪些佳作、作者與風格，「大單元切割成小單元，很容易背誦」，只是這一套破解法不適用於寫作測驗，蕭孟岳說：「還好我考國中基測時沒寫作，不然就完了。」

大聲朗讀英文　修正發音

英文科不需要了解文體、背名詞解釋，單字、片語能記多少算多少，蕭孟岳覺得讀來沒壓力，「國文有範圍，英文沒範圍，讀到的，都是自己的」。

他平時最常讀雜誌的旅遊文章，逐字逐句大聲朗讀，不但單字和句型較容易深烙腦海，也能聽自己的發音，念錯了趕快修正，不必害羞。

讀冊為自己
癌父遺言不敢忘

　　「讀冊是讀給自己的，不是為父母讀，你能讀、盡量讀。」蕭孟岳就讀國小五年級的時候，父親蕭穎營罹患舌癌，從住院到病逝僅隔一年，病榻前一番話，蕭孟岳牢記在心，用功讀書以報答父親的期許。

　　三年前蕭孟岳參加第一次國中基測，只考了240分，他決定去念高工，放棄參加二次基測，國中導師差點氣炸，質問他就讀高工有什麼好？蕭孟岳沒有答腔，卻在心裡大聲對自己說：「三年後我會考進最好的科技大學給你看。」

　　「我清楚自己的興趣、志向，堅持自己的理想，不想遷就別人意見」，因為念高中要讀國文和社會，蕭孟岳最不喜歡背東西，所以將彰師大附屬高工列為第一志願。他說，他的下一個目標是台大電機系。

　　蕭孟岳的母親蕭美妙說，蕭穎營尊重孩子的性向和選擇，從不強迫學習，因此她採取「可以讀書就盡量讀」的寬鬆態度，兩個兒子沒把求學視為苦差事，蕭孟岳和哥哥想讀什麼就讀什麼書，想玩耍就到鄰近田野親近泥土，頂多在期中、期末考試前，她和丈夫叮嚀「要考試了」，兩個兒子自知平常玩夠了，都會自動收心讀書。

「爸爸沒給我們壓力，有空時還會載我們出去送貨。」當爸爸躺在病床上，身體一天天衰弱，蕭孟岳不願相信電視劇般的情節，就要發生在他家裡。

　　「在戲裡，沒爸爸的孩子常被人欺負、看不起，我不能讓人看不起。」父親過世後，小小年紀的他擦乾眼淚，記住父親的話——要為自己讀書。

　　蕭穎營終臨前吩咐妻子，要栽培兩個兒子正正當當做人，蕭美妙因此格外重視兒子的交友情形，「可以帶朋友回家，媽媽歡迎他們來作客」。

　　她也希望兒子的朋友都到家裡，即使約好出去，也先到她家會合，吃點水果、喝飲料休息一下，「和孩子的朋友建立良好互動關係，同時也穩固親子關係」，蕭美妙認為敞開心胸接納孩子的朋友，孩子也會更加尊重父母。

蕭孟岳長期在外住宿，但和媽媽蕭美妙很親近，像姊弟一般很有話講。

黃致弘
全國工科榜首，
追著老師發問

陳智華／採訪　陳智華、黃宣翰／攝影

嘉義高工畢業的黃致弘，

2008年四技二專統測考了678分，是全國工科的榜首。

他上課很專注，發現不懂的，就馬上發問。

他還有什麼絕招？我們來一窺究竟。

［ 小檔案 ］

畢業學校	嘉義高工畢業，畢業時拿市長獎
錄取學校	台灣科技大學電子與工程系
最愛科目	數學
規律生活	即使到了高三，晚上11點半前一定上床睡覺
讀書效率高	上課認真聽，不懂馬上問老師，回家會複習

2008年四技二專工科榜首黃致弘，家中的書房布置簡單。

嘉義高工畢業的黃致弘，2008年四技二專統測考了678分，差22分就滿分，是全國工科榜首，現為台科大電子與工程系一年級學生，統測的數學考100分，表現跟往常差不多，變成榜首，他覺得「超出預期」，但很高興努力有了代價。

數學強手　當小老師

黃致弘的數學、物理很好，英文不錯，但不喜歡要背誦的國文，是比較弱的一科。統測時英文考98分，國文90分，他表示，考試時國文寫得很順，成績比平時好，「很幸運」。

小五起發現自己對數學很有興趣，不論什麼題目，再難都會，都算得出來，黃致弘建立了信心，去補數學時，老師星期六、日免費加課，他一定到，最愛做數學題，可以連做一、二個小時。

從此，黃致弘大大小小的數學考試，都是90分起跳，並且常常滿分，他說：「非常有成就感。」高一到高三還是班上的數學小老師。

勤做筆記　不懂就問

黃致弘的書房就是睡覺的房間，高中以前最喜歡躺在床上看書。較不喜歡國文的他，很少看課外書，但讀書很有效率，他的秘訣就是有充分睡眠，上課認真聽，不懂的部分趕快請教老師，回家則馬上複習。

上課勤作筆記下課複習，是黃致弘讀書致勝關鍵。

小學以前最晚不超過晚上10點，一定要上床睡覺，國中在10點到11點間，即使要考大學前，也不超過11點半，他說太晚睡第二天精神不好，學習效果差。高三上學期他曾試過晚上12點才睡，但試了三天，發現上課根本不知道老師在講什麼，學習效果很差。

他上課很專注，也會記筆記，一發現有不太懂的地方，會馬上發問，黃致弘說，觀念很重要，一旦有「結」卡住，要把握「黃金時間」盡速發問。回家後看課本及筆記，再復習一遍，可確保自己全部都懂；有不懂部分，也可盡速找老師求助，問到清楚為止。上高中後，他更愛問問題，下課根本就是「追著老師跑」。

○最有精神時　攻讀較弱科目

黃致弘功課從不需爸媽操心，回家後一定先做完功課才看電視，國中成績在班上約六、七名，但基測考254分，輸給班上考二十多名的同學，他很不服氣，檢討後發現國三才開始衝刺，起步太晚。就讀嘉義高工後，高一起就很用功，成績也很好，常常都是全班第一。

黃致弘也懂得善用時間，他在最有精神的時間看自己較弱的科目如國文等，或睡前背英文單字。他將不會的單字記在小本子帶在身上，利用每天到學校來回坐公車的80分鐘，背英文單字、片語或例句，效果相當不錯。

有興趣才學得快樂
鼓勵孩子循序漸進

　　黃致弘的爸媽都是勞工，媽媽張美玲表示，她從不逼孩子讀書，不會「強人所難」，她尊重孩子的選擇，孩子想補習才去，因為行行出狀元，只要有一技之長即可。

　　黃致弘的爸爸跟家人一起賣豆腐，媽媽在家做成衣代工，雖然工作很忙，家人感情很好，張美玲每天都要跟孩子談心聊天，關心孩子。黃致弘小四以前，課業上有什麼不懂，張美玲都自己教，但她說，小五以後，她沒辦法教，只好讓孩子上補習班。

　　張美玲說，家裡收入不高，但她尊重孩子，絕不強迫他們念書或補習，如果孩子有需要、想要補習時，她也會答應。她從不過問兒子的功課，她「相信自己的孩子」，會為自己負責，果然，黃致弘沒讓父母失望。

　　張美玲說：「逼孩子是沒用的。」孩子有興趣比較重要，才會學得快樂。她認為，適度補習有必要，黃致弘覺得想補數學或理化時，她會幫忙打聽，黃致弘會去試聽，覺得不錯才去。黃致弘國二有一陣子理化沒補習，成績就掉下來，她也說，不補會跟不上。

張美玲很會鼓勵孩子，且採循序漸進方式。黃致弘國小成績在班上十多名時，張美玲跟兒子說，只要考進十名內，就給獎品，黃致弘果然達到目標。

國中讀資優班的黃致弘第一次月考考了二十八名，張美玲鼓勵兒子，只要進步一半就好，結果黃致弘考了十六名，每次都進步幾名，後來變成第三名。

黃致弘基測考了254分，其實可以上嘉義高中，但張美玲認為，讀高中文科要強，才比較吃香，建議喜歡電學的黃致弘去念嘉義高工電子科。

黃致弘認同媽媽的建議，但卻被同學嘲笑是「自甘墮落」，非常沮喪，張美玲安慰兒子，有一技之長就好，有興趣才學得好。

黃致弘在高工如魚得水，學習愉快，大小考常常都是全班第一，每學期的學雜費都獲得減免，統測時還成為全國工科榜首，讓張美玲非常滿意。

張美玲說，她教育孩子時，會讓他們了解爸媽工作賺錢很辛苦，黃致弘也很懂事，很小就不會亂花錢，即使補習也是「一元當兩元用」，上課和補習一樣，聽講都很專注。

黃致弘（右）和妹妹黃安妮（左）、母親張美玲（中）在家合影。

林禹瑄

愛閱讀、寫作的女孩
捨台大醫學念牙醫

謝玲玉／採訪、攝影

台南縣興國高中畢業生林禹瑄學測滿級分，
以繁星計畫進入台大牙醫系。
她喜愛閱讀、創作，
因為廣泛閱讀，思考邏輯與理解能力滋長了。
她還有什麼讀書竅門嗎？我們來一窺究竟。

【 小檔案 】

畢業學校	台南縣興國高中
錄取校系	台大牙醫系（繁星計畫）
最愛科目	國文
興趣嗜好	文學閱讀、新詩書寫
得意的事	第四屆台積電青年學生文學獎新詩首獎
得獎作品	那些我們名之為島的

林禹瑄臥室裡的書桌並不大，她通常喜愛在客廳坐著矮凳做功課，媽媽在一旁閱報陪伴。

2008年學測滿級分的林禹瑄，是台南縣興國高中以繁星計畫名額進入台大牙醫系的優秀學生。捨棄爭取台大醫學系而讀牙醫系，愛閱讀、創作的她，希望將來行醫時能有更多時間做自己想做的事。

● 選自然組　咬牙苦讀

她很感謝媽媽在她幼年時就讓她愛上書本，從廣泛閱讀愛上文學，愛上寫作，思考邏輯與理解能力也在書中滋長。

她說，她的數學能力是童年玩輔具和學心算培養來的，長大後，她不熱中數學，更討厭物理，每次考試都是很辛苦地應付。她回憶物理曾考五、六十分，當時就想，「大不了學測就跨考，不要考物理好了」。

既然選了自然組，她只好咬著牙苦練題目，弄不懂的題目就請教物理科很厲害的同學，盡量在最短時間內弄懂，這樣才能讀自己喜歡的文選。

● 享受閱讀　藏書往上疊

禹瑄出生公務員家庭，家居樸素，房間不到三坪大，一面衣櫃，一面是伴著她成長的書櫃，一面是臨窗的書桌，沒有多餘的活動空間，閱讀世界無限寬廣。

牆邊書架藏書，從幼年時媽媽買的「孩子的第一套學習文庫」套書開始，隨年齡及興趣增長，架子一層一層往上疊，名家散文與詩選多到連客廳牆上也多出一長排書架。

林禹瑄書房雖小，文學書籍可不少，她的興趣廣泛，藏書內容多元。

房內小書桌是享受閱讀的地方，她平常做功課喜歡在客廳坐矮凳寫作業、算數學。媽媽說她自幼理解能力好，學科都盡量在課堂上弄懂了，月考前兩週才做總複習，「我看她讀到高中了，也不太複習功課，高三時月考還比讀高一的弟弟早睡。」直到學測之前她開始安排晨起讀國文、社會，晚上做數理題目的讀書計畫，做最後衝刺。

◯ 台積電文學獎拿首獎

她每天都很快做完功課，這樣就能看自己喜歡的文學作品或寫作。她自小學三年級愛上作文，就不停地寫，到國三開始參賽就更喜歡了。她在高二參加全國學生文學獎，拿下散文第二名、新詩第三名，2007年更以新詩〈那些我們名之為島的〉獲第四屆台積電青年學生文學獎首獎。

她愛上詩，是無意間看到網站上一群國、高中生的詩作分享，覺得他們好厲害，她這才知道寫詩是要研究的，於是開始下功夫投入詩的世界。她說：「詩，是內心世界，我真的很愛詩。」

禹瑄的媽媽說：「女兒很愛寫，寫的東西我都看不懂，或許她真的有天分，由她去吧！」媽媽尊重她捨棄追求醫學系，執意讀牙醫系並且繼續寫作的堅持，「多元社會了，愛她所選，她會快樂一點。」

那些我們名之為島的

整個下午只剩我們並肩

蹲在這裡，吃同一顆梨

讀同一首千行的詩但沒人開口

你將果皮削成了時間，盤在腳邊

很薄，很小心一如你的呼吸

和我們的房間：

窗台是行李，鐘擺是鞋而抽屜

是所有寫了一半的日記

我們的筆都太遠行，

太愛索居太愛遷徙並且

林禹瑄的新詩〈那些我們名之為島的〉榮獲第四屆台積電青年學生文學獎新詩首獎。

媽媽用心引導
點滴打下好基礎

　　林禹瑄才十個月大時，出版社業務員上門推銷「孩子的第一套學習文庫」，禹瑄抱著書玩捨不得放手。業務員遊說：「妳的孩子這麼愛書，若耽誤了怎麼好？」

　　業務員為達成交易，加贈一本《零歲教育》並且告訴禹瑄的媽媽說：「妳不會後悔的。」禹瑄的媽媽心動地買下套書，並且很專注研究零歲教育，「不要錯過孩子學習的階段」觀念成為親子共讀的信念與動力。

　　小禹瑄每天起床就拿書堆城堡或翻看彩色圖片，在書堆中不吵不鬧的，接下來媽媽繼續買下一套又一套的書。爸爸認為媽媽太衝動，甚至被同事笑說：「你太太這麼早就為女兒準備嫁妝啦？」媽媽往後買書總會不好意思地報假帳。

　　禹瑄的媽媽並非盲目買書，或把女兒單獨留在書堆中摸索，總是先研究書籍內容和學習方法，再一字一句讀給禹瑄聽，或利用卡帶伴著禹瑄入睡。媽媽還買識字卡，一個字一個字引導，或是利用數學圖書、輔具一起玩釣魚，一點一滴培養了禹瑄建構式數學概念，學算術之初就不用手指頭一根一根的數呢！

禹瑄的媽媽說，她無法確定「零歲教育」的效果，但她時時陪伴，照書做，禹瑄兩歲開始識字，小二以第一名考上資優班，當時愛上漢聲精選的外國文學故事套書，進一步愛看小說，沒想到數理就越來越不熱中，全套兩百冊的小牛頓只翻了漫畫就沒再看了。

　　禹瑄的媽媽不停地鼓勵孩子多元學習，唯有學心算因為近視了，媽媽趕緊喊停。禹瑄說，心算基礎確實讓她數學得心應手，她甚至認為應付得來就好，高中先斬後奏選社會組，媽媽苦口婆心勸她先讀自然組，這樣若想跨考還可多一個機會。禹瑄雖同意了，但仍難忘對文學的熱愛。媽媽不諱言，或許自己為女兒打開愛書的一扇窗，但沒料到女兒愛文學甚於一切。

滿分狀元，這樣K出來的

2009年1月初版 　　　　　　　　　　　定價：新臺幣200元
2010年8月初版第六刷
有著作權・翻印必究
Printed in Taiwan.

	企　　　劃	聯 合 報 編 輯 部
	發 行 人	林　載　爵

出　版　者	聯經出版事業股份有限公司	叢書主編	鄒　恆　月
地　　　址	台北市忠孝東路四段555號	校　對	鄭　秀　娟
編輯部地址	台北市忠孝東路四段561號4樓	封面設計	董　谷　音
叢書主編電話	(02)27634300轉5047		吳　懿　雯
總　經　銷	聯合發行股份有限公司	封面攝影	陳　立　凱
發　行　所	台北縣新店市寶橋路235巷6弄6號2樓	版型設計	董　谷　音
電　話：	(02)29178022	內文排版	林　燕　慧
台北忠孝門市：	台北市忠孝東路四段561號1樓		
電　話：	(02)27683708		
台北新生門市：	台北市新生南路三段94號		
電　話：	(02)23620308		
台中分公司：	台中市健行路321號		
暨門市電話：	(04)22371234ext.5		
高雄辦事處：	高雄市成功一路363號2樓		
電　話：	(07)2211234ext.5		
郵政劃撥帳戶第0100559-3號			
郵撥電話：	27683708		
印　刷　者	文聯彩色製版印刷有限公司		

行政院新聞局出版事業登記證局版業字第0130號

本書如有缺頁，破損，倒裝請寄回發行所更換。　　ISBN　978-957-08-3376-8（平裝）
聯經網址 http://www.linkingbooks.com.tw
電子信箱 e-mail:linking@udngroup.com

國家圖書館出版品預行編目資料

滿分狀元，這樣K出來的/聯合報編輯部
企劃 . 初版 . 臺北市 . 聯經 . 2009 年 1 月
. 176 面 . 14.8×21 公分 .
ISBN　978-957-08-3376-8（平裝）
〔2010年8月初版第六刷〕

1.中等教育　2.學習方法　3.讀書法

524　　　　　　　　　　　　　　97025156

聯經出版事業公司

信用卡訂購單

信 用 卡 號：□VISA CARD □MASTER CARD □聯合信用卡

訂 購 人 姓 名：_____

訂 購 日 期：_____年_____月_____日 （卡片後三碼）

信 用 卡 號：_____ _____ _____ _____

信 用 卡 簽 名：_____(與信用卡上簽名同)

信用卡有效期限：_____年_____月

聯 絡 電 話：日(O)：_____夜(H)：_____

聯 絡 地 址：□□□ _____

_____

訂 購 金 額：新台幣_____元整

（訂購金額 500 元以下,請加付掛號郵資 50 元）

資 訊 來 源：□網路 □報紙 □電台 □DM □朋友介紹
□其他_____

發 票：□二聯式 □三聯式

發 票 抬 頭：_____

統 一 編 號：_____

※ 如收件人或收件地址不同時，請填：

收 件 人 姓 名：_____ □先生 □小姐

收 件 人 地 址：_____

收 件 人 電 話：日(O)_____夜(H)_____

※茲訂購下列書種,帳款由本人信用卡帳戶支付

書　　　　　　　　名	數量	單價	合　　　計
	總　　計		

訂購辦法填妥後

1. 直接傳真 FAX(02)27493734
2. 寄台北市忠孝東路四段 561 號 1 樓
3. 本人親筆簽名並附上卡片後三碼(95 年 8 月 1 日正式實施)

電 話：(02)27683708

聯絡人:王淑蕙小姐(約需 7 個工作天)